［美］温蒂·德·罗萨 著
叶含丹 译

拓展你的心
精神觉醒的四个阶段

Expanding Your Heart
Awakening Through the Four Stages of Spiritual Opening

Wendy De Rosa

西北大学出版社
·西安·

著作权合同登记号：陕版出图字 25-2023-030

图书在版编目（CIP）数据

拓展你的心：精神觉醒的四个阶段 /（美）温蒂·德·罗萨著；叶含丹译. —西安：西北大学出版社，2023.5

书名原文：Expanding Your Heart: Awakening Through the Four Stages of Spiritual Opening

ISBN 978-7-5604-5122-0

Ⅰ.①拓… Ⅱ.①温… ②叶… Ⅲ.①精神（哲学）—研究 Ⅳ.① B022

中国国家版本馆 CIP 数据核字（2023）第 064660 号

拓展你的心：精神觉醒的四个阶段
TUOZHAN NI DE XIN: JINGSHEN JUEXING DE SI GE JIEDUAN

著　者	［美］温蒂·德·罗萨
译　者	叶含丹
出版发行	西北大学出版社
地　址	西安市太白北路 229 号
邮　编	710069
电　话	029-88302590
经　销	全国新华书店
印　装	陕西瑞升印务有限公司
开　本	787mm × 1092mm　1/16
印　张	10
字　数	112 千字
版　次	2023 年 5 月第 1 版　2023 年 5 月第 1 次印刷
书　号	ISBN 978-7-5604-5122-0
定　价	45.00 元

如有印装质量问题，请与西北大学出版社联系调换。
电话 029-88302966

原版序言 如何使用这本书

本书分析了精神成长的四个阶段。每个人在生活中都会遇到困难和挑战,也许你曾把这些经历当作失败的记录和人生的经验,但本书带给你的精神力量可以让它们变成你蜕变和成长的跳板。人类的意识一直在进步,因此,精神教师和引领者正努力帮助人们建立一个可理解、可管控的思维体系,使人们可以作为灵魂存贮的肉身更好地生活在地球上。每个人都有一个在精神层面不断进步的灵魂,每个人都有能力把痛苦变成平和,把恐惧变成友爱,把茫然变成欢喜。本书将带领你从精神层面深入理解生活中的困难和挑战,进而把痛苦变成自我疗愈的一部分。

本书是你疗愈的工具。书中的思索、静坐、冥想、疗愈指导和每章后的问题可以帮助你实现自我疗愈。当你有机会把本书讨论的四个阶段与你自身的经历联系在一起的时候,你会意识到你的经历并不独特。在你探索自身四个阶段的过程中,我会与你相随，在每一章结尾向你提出指导和问题，其中的每一步你都可以和家人、朋友、同事们分享。

我也鼓励你和其他的读者成立读书俱乐部，一起讨论与本书理论相关联的亲身经历。在我们成长的旅途中，如果能够和其他同行的伙伴建立更好的沟通或共鸣，心灵的疗愈就会自然而然地发生。心灵升华对读者是一个巨大的震撼，在这个过程中，一个良好的支持系统必不可少。读书俱乐部就是一个支持系统，但并不是每一个参与者或领导者都有能力管理和支持这种深刻的心灵历程。所以，如果需要，读者可以登录直觉研究学院的网站（www.schoolofintuitivestudies.com），了解更多的资料，选择适合自己的课程，以便得到更多的指导与支持。除了书中的指导意见，你可以从网站里得到更多的相关信息，也可以从那里得到读书俱乐部的信息。

目 录

导引 / 1
什么是精神觉醒的四个阶段 / 7

第一部分　心灵觉醒的准备 / 13
　　第 1 章　我的历程 / 15
　　第 2 章　灵魂的追求 / 31
　　第 3 章　美好的心 / 38

第二部分　精神觉醒的四个阶段 / 45
　　第 4 章　打开 / 47
　　第 5 章　混乱 / 71
　　第 6 章　疗愈 / 92
　　第 7 章　行思 / 143

最后的话 / 149
关于作者 / 151

导引

生活中你是否因经历某种巨变而身心俱疲?本来有条不紊的生活,但因一个偶然的事件便改变了你的世界,给你的生活带来无尽的混乱。你不知所措,无法信任任何人,甚至开始怀疑人生的意义。这些巨变,或许是失去所爱之人,或许是失去工作,或许是失去家园,也或许是身体健康状况出现问题、或卷入某个事件、或经历某种自然灾害⋯⋯

你是否曾经追问:为什么我会经历这些事?我为何沦落到这步田地?这些事情的背后有更深层的原因吗?而在这些事件发生之前,你是否想过去改变生活的方向?你心中的信仰是否正面临考验?你是否在怀疑每个人、每件事?你是否也曾努力寻找一个可以让痛苦、失落、背叛、愤怒消失的答案?

我非常了解这种巨变带来的痛苦和窘迫。以我自己的亲身经历为例,惊恐带来痛苦、孤独、愤怒、抑郁,最终我发现自己好像被埋没在一个漫无尽头且黑暗的隧道里。我在非常年轻的时候经历过这个过程,事实上这种经历任何人在任何时候都有可能会发生。我通过自身的经历了解到这种遭遇不是用逻辑就可以解释的。但是,每片乌云背后都有阳光,每个挑战都可能是我们变得更好的机遇。生活中的变故往往会为我们打开另一扇门,通向我们过去一直认为不可能实现的生活。如果用心去体验和领悟,变故其实代表了凡人我的崩溃,从而使真我浴火重生。

这种崩溃不仅打开了一扇通向更完美生活的门,它也撞开了我们封闭的内心。我把这个过程称为精神拓展的四个阶段。在本书中,我会和你分享我对此的理解。我曾长时间地祈祷,祈求神可以给我指出一条逃离黑暗隧道的路途,四阶段疗法是一种绝对精神的启示,它引领我依靠自身的精神能量治疗和愈合所有过往的创伤。

四阶段疗法可以改变你的生活。这种方法适用于你、我和其他人,并且了解到生活中的悲剧可以转化为成长的力量。尝试过这种方法的人,无论男性或女性,很多人都曾亲口告诉我,当他们用四阶段疗法面对自己的生活经历后,终于看到了隧道尽头的亮光,从而放下过去的种种负重、羁绊而轻松前行。

这本书同样可以帮助你更清楚地看到我们生命体精神的本质。当你遇到挫折、危机或悲剧时,你或许会问为什么?在这里你可以找到答案。你会发现混乱其实是疗愈的一部分,遵循精神直觉的指导,你可以走出伤痛与混乱,直至愈合。你的意识会随着阅读和理解本书而提升,从而切实地感受到那些逆境中的挣扎、内心的探索其实就是生命的力量和精神的生机。这些力量可以让你发现真实的自我，找到我们以生命形式生活在地球上的意义，从而开启更加完整的人生。

为什么我如此确定本书会从多方面帮助你？

我其实一直有疗愈师的能力，只是过去对此并不明了。在我19岁那年，我的精神几乎崩溃。我开始认识到我的过度敏感正在影响我本已不堪重负的神经系统，引起我的焦虑和恐慌，直至内爆。幸运的是，经过漫长的路程，我最终得到精神的指引，我的心扉因此而打开，那横亘在自我内心和绝对精神之间的隔阂与屏障也因此而消散。

自此我踏上探索精神直觉能量疗法的道路。22岁那年，我正式开始学习疗愈。我花了几年的时间来学习、锻炼、工作，但是那段时间我并未坚定地想成为一名疗愈师。直到有一天我意识到必须接受生活给我的挑战，拥抱上天给我的才能。这个觉醒让我的生活发生了深刻变化，我开始观察、记录和总结我的工作，整理我的思想，写作，并教授其他人。实践验证了我的思想，我开始发表我的理论，并成为一名真正的疗愈师。在此之后我不断接到请求帮助的电话，30岁那年，我有300多位客户，或见面、或通过电话接受疗愈。我从未做任何广告或宣传，仅凭客户的口口相传、信任与推荐，在我35岁的时候，稳定的客户增长到了500多位。

从那时开始我出版自己的著作。包括《通过查克拉实现精神愈疗：一本自我疗愈的指示书》，以及我作为作者之一，与著名的心理学大师韦恩·戴尔博士（《你的误区》作者）、布莱恩·特雷西等人共同创作的《反弹：在变化的时代中茁壮成长》。我创建了精神直觉疗愈线上和线下的咨询，2011年，我开设了自己的疗愈师培训认证课程，教授学生"拥抱光明"疗法。这个培训课程在美国4座城市进行讲授，直到今天还有世界各地的学生在学习线上课程。电视、杂志、电台都曾就直觉能量疗法对我进行采访，仅2013至2014年，WFSB/CBS电视台就在《更好的康涅狄格》节目中对我采访了4次。

现在你对我已有所了解，但或许你仍不确定这本书可以帮助你走出痛苦。我之所以确认，是因为我的工作自始至终都在遵循我最初的使命：帮助像你一样的人走出黑暗，走进光明，挣脱精神和情感的枷锁，过上和生命本身的精神世界紧密关联的生活。我的初心从未改变。

我承认这种精神层面的疗愈方法并不被所有人接受。或许因为承载太长时间的伤痛，人们已经没有勇气打开伤口去更多地了解它。但我可以坦率地讲，就绝大多数接受疗愈的人而言，这种畏惧心理比伤痕本身带来的伤害程度更深。当你可以依靠一个基于理解并被反复验证的模型进行疗愈，了解精神能量如何存储在身体之中，了解为何人的内心会经受巨大的冲击和拍打，你的生活完全可以变得更加美好。

生活其实就是各种经历的组合，这个世界上确实存在很多阴影。阴影就是那些没有经过辨析与处理的伤痛和情绪。如果不去直面这些伤痛，那么它会一直潜伏在精神的能量体中而不被察觉。

正确的选择是直面并最终战胜这些伤痛，但是很多人却因为恐惧痛苦而蒙住自己的心，去做一些不理智、带来更多伤害的事情。

我们并不需要生活在这些阴影和伤痛中，生命的意义自有光芒。我们要做的就是寻找自身的光，并生活在它的光芒里。有光的生活是最真实的生活，如同有太阳的世界就是真实的世界，每一束光都有足够的能量去改变一切。只要你努力治疗伤痛，你就有可能把悲剧变成生活中的力量。恐惧、彷徨、痛苦、猜忌或缺乏信仰使你无法前行，你的心却可以为你带来快乐、爱、幸运、和平、包容和完满。为了不让恐惧和其他负面的情绪阻挡我们的精神成长，我们要帮助自己的心扩容，与自我和解，点亮自我的亮光。

随着你阅读此书，我将指导你打开心灵，开始精神拓展的道路。每个人其实都有能力实现这种升华。我可以，你也可以。更奇妙的是，你一旦走出第一步，这种精神的拓展就可以持续一生，而自由的愿望更会使这种拓展愈加深入。我会和你分享更多的故事，你也有机会读到其他人的故事。你会听到混乱和疗愈对他们来讲是怎么回事，或许你也有故事可以分享。也许你曾努力寻找逃离痛苦的道路，也许你曾希望有人告诉你伤痛究竟应该如何愈合。我从生命体本身拥有的精神能量角度重新定义崩溃和悲剧，指导你得到疗愈，从而使你的心获得从未有过的舒展与自由。

如果你正站在心门之外并准备走入，但又感到恐惧、疑惑和犹豫，也许你感觉需要得到某种许可方能迈出你的步伐，这本书可以帮助你。如果你正在开始或已经开始了心的旅程，这本书可以为你提供更多的支持，帮助你把痛苦转化为力量。在这个过程中，你会面临挑战，甚至于感到痛苦，但一切终将物有所值。你将了解心灵开放的四个阶段其实正是你和你自己、你和你生命精神交流的一部分，你将重新定义生活中所经历的一切创伤。

准备好开始这段旅程了吗？准备好疗愈你的生活了吗？准备好彻底离开那些无助、崩溃、绝望、伤痛的经历了吗？准备好发现一个真实的自我了吗？如果是，就让我们一起迈步向前走。

爱你们。

温蒂·德·罗萨

什么是精神觉醒的四个阶段

2008年，我有一次长时间的徒步旅行，思考生活的历程以及如何成为一个使用精神直觉能量的人，这次徒步旅行事实上变成了一次行走的"冥想"和"打坐"。在这个过程中，我感受到的领悟与了然，仿佛受到神的启示。我因此而认识到精神开放的各个阶段，也理解了为何我会受到自己心灵的召唤。

精神上的觉醒分为四个阶段。其实很多人都经历过类似的四个阶段，只是他们并不理解这四个阶段是什么以及它们所代表的含义，所以总是认为生活、周围的环境、所遭遇的人和事，乃至整个世界都好像一直在和自己作对。但让我们换个角度看待不幸：或许这些生活中的挑战只是表象，只是我们的灵魂在试图做出改变，以使我们的身体、思想、心理和生命本身的精神更加接近。

随着我对自己生活的反省，对大量疗愈案例的观察和总结，我对这四个阶段的理解也愈加真切。回到家后，我认真记录下我的感悟。之后我与朋友和客户分享了这个新的视角，我们一致认为，根据这四个阶段，人们可以按图索骥解决自己生活中所遇到的困难。

精神觉醒的四个阶段包括：

打开

在你最初尝试敞开心灵的时候，或许你感觉将要崩溃，而事实上却是你正处在觉醒之初。眼罩扯下，真相显现，你发现过往的生活并不是你的真我。触发这种觉醒的原因或许是一次健康危机，或许是一段关系的结束，或许是失去家园和亲人，也或许是一个糟糕的事件。它或许与你有关，也或许，它只是发生然后让你看见。它带来的震撼让你感到好像脚下的土地突然被抽走，你悬空而立，惊慌失措，恐惧茫然。这种震撼往往由一些悲剧所触发，但一些喜事同样也可能给你带来类似的冲击，譬如结婚、生子或生活突然发生显著改变。在最初敞开的过程中，最重要的是你在精神层面如何抉择。你可以改变，打碎已有的条条框框而全身心投入未知。请记住你其实并不身单力孤，你走到这一步，既有命运的指引，也有你精神直觉的伴随。只要你打开自己的心灵，坦然接受所发生的一切，你便能够豁然开朗，与自己的精神达到和谐，体验到痛彻心扉或者满心欢喜不过是生命旅途中极为正常的一部分，你开始能够触摸到自己的精神直觉，而它将始终伴随在你的生命里。

混乱

　　"混乱"是精神觉醒的第二阶段。它开始发生是因为你生活所依赖的固有结构在最初心灵开放的过程中被打破，还有一种可能就是你的内心本就处于混乱之中。这种混乱的感觉让你无所适从，一片迷茫，无力自拔。在未知中摸索，使你的内心充满惊惧恐慌。但是从另一个角度来看，正是这种无所依托的感觉让你必须找到自我，必须查找和倾听自己的直觉，这种混乱迫使你向内寻找精神的力量。在这里，我需要介绍一个"弦"的概念给读者。弦是生命体的能量线，我们通过弦与人、事、地点、情景发生关联，在我们的内心变得更强大之前，弦可以让我们感到安全。在混乱这个阶段，各种能量弦仿佛从我们的身体中飞出，漫天飞舞，寻找依托。这时候，我们必须要把它们拉回到我们的体内，让那些我们并不需要的能量逐渐消融，给有益于我们的能量腾出空间。当你的自我认知和直觉力愈加强大的时候，你便可以在更深的层面与精神建立起彼此信任的关系。但是，在你不知所措，濒于崩溃，一片混沌的状态下，如何找到那种安全感呢？这就是我们要讨论的第三阶段——疗愈。

疗愈

　　混乱和疗愈或许可以平行发生，但更多的时候，疗愈是你自己为了走出混乱而做的抉择，是你精神直觉的选择，重大的思想转变往往在疗愈阶段发生。在该阶段，你对所发生的一切和你自己的状况担当起责任。你不再仅仅把自己当作牺牲品、失败者和旁观者，你看到自己有能力通过这些生活的经历而进步。要做到这一点，你必须愿意审视过去的伤痛，承认今天所承受的一切有你自己的原因。在新的认知下，你会找到觉察、宽恕、真理、道德的力量，以及永不动摇的信仰。获得疗愈，你必须要无所畏惧地接近你的精神本源和内心所信，把一切放在光下清楚审视。疗愈要求你体会和领悟自己的情感，放下过去，剥离你精神中的自大与虚妄，找到真实的自己。

行思

你已经通过了前三个阶段，在进入行思的阶段后，你过上了更为安宁清醒的生活，这是一种精神意识得到巨大拓展的生活。你有更多的工具可以帮助你应对生活和情感的挑战。通过每天的修习与思考，你与你的生命，你生命的精神神性建立起紧密的关联。在过去的年代，修女、得道者、和尚、牧师、哲人或疗愈师往往会选择在某种寺庙中修行以达到这种通透的状态，但在现代社会和我们自己的精神世界里，我们完全可以在日常生活中就抵达彼岸。在这个阶段，你自我思省，清晰地把自负和灵魂分离。通过和自我精神的深度沟通，我们会意识到内涵大于伤痛。这种不断提升与成长的精神状态不仅给予我们自己信心和能量，它也可以改变人们作为生命体的境遇,甚至可以为世界带来更多的和平、爱和发展。

行思是一个能够和生命的神性紧密联系的阶段。这意味着我们认识到生命本身的神奇与生命体意识的奇妙。它意味着我们愿意对我们的行为、反应、情感、甚至是我们的某些阴暗面负责。通过疗愈,我们看到生活中的光和阴影,审视生命的漫长与短暂,一切同体,无有两面。我们的心足够宽广,既可以容纳自我的爱和自我意识,也可以包容对神性的敬畏和对人类生命的大爱。在行思的阶段,我们把神性当作生命的锚,无论遇到何种障碍,无论如何漂浮不定,纯粹的精神始终牵引着我们。在该阶段,我们通过思索、寻源、审视、冥想、聆听等方法进行精神层面的修行。

当我在课堂上和学员分享这四个阶段的时候,很多人都表示他们其实有着类似的经历,只是当时的自己并不明了其中的关联,也不能理解每一阶段所蕴含的意义。其中一个学员分享了她离异的过程,她是如何多年处于混沌之中而不能直视任何问题。其实在离婚之前,她就没能做真正的自己。随着疗愈的进行,她开始从精神层面认识到,离婚对她而言是正确的选择。她如释重负。其实对每个人来讲,如果能够明白即使在困难的生活中你的直觉与精神也如影随行,这是很欣慰的事情。当我们意识到痛苦并不代表失败的时候,曙光开始降临,新的道路就此显现。

四阶段论作为一种疗愈的方法会为你带来希望、理解、平静和顿悟。或许随着你的阅读,你会立刻联想到你所经历过的艰难时光。在四阶段论的指导下,或许你不再那么负面地看待那些困难与经历，进而从精神上、身体上、情感上完全拥抱真实的自我。你甚至会有一段相关的故事来和我分享。请准备一个笔记本，随着深入阅读此书，记录下你的发现、感悟和想起的任何事情。这个过程可以使你的头脑保持清醒，也能够帮助你摈弃意识中的负能量。

拓展你的心：精神觉醒的四个阶段

第一部分　心灵觉醒的准备

第1章 我的历程

> 小鸟唱歌并不是它有了答案,它唱因为它有一支歌。
>
> ——马娅·安杰卢(Maya Angelou)

在二十几岁之前,我一直不知道我具有疗愈师的天赋,我也不确定心理疗愈将是我一生的职业。我从未刻意去追求这份工作,但我的潜意识似乎感受到这个使命。为了响应这份召唤,我甚至放弃了一些非常喜欢的爱好,这个过程其实非常痛苦。我不可能预见到生活会这样展开并持续下去,但每每想到它,我会告诉自己:"是的,我接受。"现在说起来似乎很容易,但我确实也经历了心灵拓展的四个阶段。我乐于分享我的故事,或许正因为你看到我们经历了类似的历程你才在阅读本书,为你下一步的旅程做好准备。

我曾经梦想成为音乐家

我儿时的梦想是成为摇滚之星。我5岁的时候开始学习乐器,更确切地说,我5岁开始学习弹吉他。在1980年那个明媚的春天,我母亲带着我和哥哥来到一座教堂上吉他课。我哥哥的名字叫大卫,他比我大两岁。我清楚地记得我跟在他后面走向教堂,音乐声从房间里飘出来。走进教堂,我看到里面有三十来个人,每个人都抱着一把吉他,跟随着一个人手里的卡片在弹奏。卡片上是一个大大的字母,后来我知道它代表不同的和弦。

我环顾四周,每个人都在认真地弹奏。我想参与进去,但是却僵在那里。我根本就不懂任何弹奏的手法,我委屈地流下了眼泪。在那个年龄,我或许已经有了一种深植于内心的、过于进取的渴望。我憎恶这种不知道该怎样做的感觉。你或许觉得有点奇怪,但我真的根本就没有想到屋里的每个人,除了我和哥哥大卫,他们都在15岁至50岁之间,而且他们每个人练习吉他的时间都比我们长。

我含着泪坐在那儿,小小的胳膊甚至没有办法完全抱住吉他,内心充满了无法用言语描述的感觉。我是那么格格不入。虽然我努力模仿旁边人手指的动作,但是他速度太快了,我完全跟不上。

正当我无所适从的时候,一位女士像天使一样向我和哥哥走来。她把我们带到另一个房间,耐心地教我们大家正在演奏的和弦。可我还是不行,因为我的手太小了。这是我的第一堂吉他课,也是我学习音乐的开始。后来，我学会了弹钢琴，再后来在罗得岛州时，我学会了吉他，我创作了很多乐曲，也创作过一些歌谣。在我的一生中，音乐就像一把双刃剑，有时候帮我疗伤，有时候又让我很受伤。

崩溃

我父母有八个孩子，我是第二个，也是最大的女孩。我父母是意大利天主教徒，家里似乎总是充满了喧嚣。作为一个小姑娘，我不明白为什么我的父母会要八个孩子。每次当我问妈妈，她总是回答说："那我把谁送回去呢？"我的弟弟妹妹们年龄差别不大，年龄都是相差一两岁。作为家里最大的女孩，我很小的时候就要照顾弟弟妹妹，分担母亲的责任。我的很多同龄人，直到他们长大成人、结婚生子之后才有类似的经历。我几乎可以专门写一本关于德·罗萨家族的书，但那有点跑题了。可以说，我照顾或帮助别人的技能在我年龄很小的时候就得到了锻炼。

我是个敏感而果决的孩子。我经常做的事是照顾好家里每个人的情绪，然后一个人去承受焦虑和煎熬，而从来没有得到过应有的关怀、关注或者个人空间。我经常会找一个相对安静的地方，让思绪和想象在内心遨游。创作乐曲陪伴我走过这段历程，音乐是我暂时忘却那个过于感情化的家庭和处理自己情感的渠道。学习吉他一开始就不顺利，最终钢琴成为我的选择。尽管我在家里是照顾别人的角色，但我很固执，有时甚至有些叛逆，所以基于本能，我能够不让家庭的影响阻碍我前行。在 10 岁至 17 岁之间，每天下午我都会坐在钢琴边进入忘我的境界，让音乐给我带来安宁。我会自己作曲或者弹奏任何我听到的音乐。我依然清晰地记得那种音乐带我逃离现实的感觉，那种感觉就像天堂一般美好。那个时候，如果没有音乐，我真的没有办法承受那些烦琐、痛苦和压力。

我耗费大量时间唱歌、演奏或者去参加戏剧演出，那时的我百分之百确定音乐是我未来的道路。坦率地讲，我的驱动力在很大的程度上就是想逃离生活喧嚣琐碎的折磨。作为一个明知内心受伤但却有承受力的未成年人，我看得到我的问题，但却没有勇气去改变现实以获得理解和支持。与其试图让他人听到我的声音，理解我的感受，似乎表面上保持甜蜜和尊重更让我有安全感。

作为大家庭中年龄最大的女孩，我承担起很多照顾弟弟妹妹们的责任。我好像没有经过童年就长大了。我学会了在很小的年纪去照顾他人，7 岁时我学会了换尿布，12 岁时我开始为邻居们照顾孩子，14 岁时我已经给 21 个家庭照顾过孩子，有时候我甚至还要帮妹妹们找到照顾其他孩子的工作。我最大的问题是自己不能像正常孩子一样长大，我的成长环境就是这样——大家庭，来自每个人的各式各样的情绪、语言、声音、事件……个体之间没有明确的边界线，缺乏独立的物理空间和情感空间，同时我还要过度负责任——来承担和照顾一切。

有很多年，我都在忽视自己的情感需要，总是优先考虑、包容他人的情绪。我的身体和感情容纳最后都像吹气球一样鼓了起来。尽管我运动很多，饮食规律，身体健康，但却有点胖。唯一的解释是，那些额外的体重是我吸收了太多的情感重量，它们其实是一种精神压力的物理展示。我变得越来越敏感，直到我不能忍受交通阻塞、噪音、过多的人、喧闹的音乐和有暴力的电影。虽然音乐是我舒缓情绪的渠道，但在高中的最后两年我已经很少弹奏了，因为我已不堪重负。

1993年，我离开康涅狄格，去波士顿上大学时没有把钢琴带去。我会去合唱团唱歌，但没有了宣泄情感的乐器。我时常会感到焦虑，而自己却不自知。在那儿两年时间，我再也承受不住了，我的身体仿佛要被那些庞杂给撑破。其实，那时的我正站在心灵打开的门口，试图打破束缚和蒙住我心灵的重重障碍。崩溃是一种突破口。当然，这是我现在的描述，在那时我只感到惊恐无助。

我垮掉了。直到有一天我感到天旋地转，不能呼吸。我被带去看学校的精神科医生，她毫不犹豫地给我开了抗抑郁的药物。在混沌的状态下我服用了两个星期的抗抑郁药，几天后，我逐渐清醒，感到医生在没有明确了解我的问题的情况下就让我服用药物并不是解决问题的办法。我需要的其实不是药物，我需要的是可以向人倾诉，我需要找到一个地方，甩掉那些强加到我身上的负担，我需要痛哭一场，需要别人听到我的声音，需要别人感知我的需要。我只有19岁，我那时候认为，这样的崩溃只应该发生在那些在股票市场输掉所有的50多岁的人那里，它怎么会发生在我的身上？我到底怎么了？我应该怎么办？我停止服药，开始考虑是否要退学。

上学的那几年正好是我父母家庭最困难的几年。不断地听到关于我父母、姊妹的坏消息也是我崩溃的诱因之一。我的本能告诉我，只要我向不同的方向走，我就可以脱离这种窘境。我有一个来自科罗拉多博尔德的朋友，她不喜欢波士顿，常和我谈论博尔德的诸多好处。每次见到她，我好像都可以呼吸到落基山中的清新空气，看到那里雄伟的山脉，高远辽阔的蓝天。对我而言，她代表了生活在落基山中的无拘无束和无尽希望，一种大自然的力量。我本就不喜欢大城市的生活，因为她，我更觉得博尔德是我要去的地方。我被科罗拉多深深地吸引了，所以我做出了搬往科罗拉多的决定。这个决定在当时看似乎并不理智，但那是一种朴素的、源自内心的召唤。

神奇的时刻

在我已经恢复常态之后，有一天晚上，我和朋友决定去波士顿纽波尔街转转。虽然那是一个寒冷的夜晚，但在经历了那么多事之后，能出去走走的感觉很好。我当时思考的问题是：我到底应该完成本学期的课程，还是应该立刻搬到科罗拉多。刚刚经历了精神上的崩溃，这个问题给我带来很大的压力。一时之间我没有办法做出明确的决定。我们在寒冷的街头漫步，轻声讨论着去科罗拉多的事情。

就在我努力思索，试图找到一个答案使我心安的时候，一个拿着小吉他的人向我们走过来。他问能不能给我和我的朋友唱首歌。我们不想多说话，于是简单地回答："谢谢你，但不必了。"

但是这个人却看着我，非常礼貌、非常温和地对我说："我觉得你应该听一听我的歌，我不要钱。"突然，我好像被他迷住了。他穿着一件简单的红色夹克衫，有一头棕黄色的头发。在路灯的照耀下，他的头上好像有光在闪亮，整个身体被昏黄的光晕包围着。这时候，似乎身边所有其他的东西都消失了。他告诉我他的名字叫阿里斯，然后他就开始唱歌：

在那野牛奔跑的山岭上……

在那鲜花盛开的山谷里……

洁白高大的雪山峰顶……

有一天你会来到科罗拉多……

这些歌词太让我吃惊了。他如何知晓我内心的纠结呢？这是巧合，还是天意？

在余音未了的歌声后，他说："温蒂，你喜欢它，对吗？但现在还不是去的时候，耐心点，再等等。"他在我的脸颊上吻了一下，便转身消失在了夜幕中。我和我的朋友都惊呆了，等我们想起来再找他时，他已经消失得无影无踪。

我和我的朋友感到一阵喜悦，我们一致认为我们遇到了神奇的事件。它是上天的启示吗？对此我深信不疑。我给母亲打去电话，她是个虔诚的教徒，经常会祷告，她似乎也是除我朋友之外唯一一个相信我们这个经历的人。她对我说："温蒂，我一直为你祷告，这个天使是我送给你的，他的名字就叫阿里斯。"

第1章 我的历程

不管这个人是不是真的天使，对我而言与阿里斯的相遇就是一桩神奇事件。在这之后，我感情上的折磨慢慢减缓了，内心的伤痛得到了抚慰。因为我感觉到有一种神秘力量的支持，我的内心有虽然模糊但影影绰绰的方向，我在精神上找到了一个支撑点。它来自神意还是自己？也许神意和生命的直觉本来就是相通的。无论如何，我顺利完成了那个学期的学业。从那时起，我开始关注自己的内心，摸索精神隐秘处那些忽隐忽现的微妙的直觉力。人类拥有性灵，用它来追索宇宙和生命的真理，我们的精神世界同样值得仔细思索，它从何而来？它因何而在？

心的敞开

大学三个学年后，我回到父母在康涅狄格的家休养并开始考虑下一步的打算。几个月后，我明白这里并没有能让我康复的环境。夏天到来的时候，我来到罗得岛州的布洛克岛，在那里我帮我的好朋友看护孩子，有时也会去一个船坞做给船只刷漆的工作。那里是个很好的休养地，景色优美，恬淡宁静。那段时间我得到了很好的休整。后来回头审视，我正是在那里开启了心灵最初的敞开。我试着摊开种种缠绕在我内心的东西，平心静气——审视、观察、辨析，逐渐接近精神最本真的部分。我与自己的精神交流，我倾诉，我辩解，我开始看见一个真实的自己，虽然我依然不确定下一步是什么。

对我而言，心灵的开放就是从这里开始的。我一方面对搬到科罗拉多后到底会发生什么并不明了,所以有一点恐惧;另一方面,我又能清晰感觉到我的心在呼唤我去科罗拉多。在布洛克岛的休养是有意义的,在我关注自己精神的同时,我开始练习瑜伽。事实证明,瑜伽对我的康复起到了良好的作用。我也开始重拾过去的爱好——音乐,来帮助自己平静。弹钢琴的同时我也学会了弹吉他,我又可以沉浸在音乐的世界里感受它带给我的抚慰与享受了,我创作属于自己的曲子,自娱自乐,也演奏给别人听,那种清澈简单的快乐就像夏日的湖水。在经历了大崩溃之后,虽然内心依然凌乱,但它已经不再沉重。

搬往科罗拉多的想法一直在我心头萦绕。在布洛克岛,我工作、攒钱、休整,和朋友们花时间在一起,也在制订下一步的计划。我在这里遇到一个男友,他冬天住在科罗拉多,夏天住在布洛克岛,最后是他让我下定了决心。当我告诉父母我要和男友一起搬到科罗拉多的时候,他们被吓得半死。

科罗拉多:走向我的心

1995年的9月,我启程向科罗拉多进发。我开着一辆1987年产的斯巴鲁敞篷车,像那些驾着马车去开发西部的先行者一样激动。雄伟的落基山脉沿着地平线缓缓向我移来,心中的震撼就像第一批到达西部的牛仔的感觉一样。高耸入云的落基山在我的脑海里留下了深刻的烙印,仿佛内心的选择将带我走向世界之巅。我敬畏于大自然的庄严与永恒。我回头看自己所经历的过往,终于可以放下过去，走向新生活。约翰·丹佛的歌：《高耸的落基山》一路伴随着我，融入到我的骨髓里。

回头看，我能够理解为什么我的精神会崩溃。我是一个有需求、有感情的年轻姑娘，但是从小到大，在生活中我从未关注过自己、也没有人关注过我的需求与情感。物理空间的逼仄和精神空间的紧缩，像一块沉重的黑色的布，蒙在我的心上。活着的我就像一个工具，而不是真正的自己。一直以他人的需求和情感为优先级，最终导致我力不从心。我意识到，人的心灵必须松绑，否则不可能正常生活，更别说看到自己的才能。这个过程真的很痛苦，但那时我不知道这其实是件好事情。负担带来痛苦与折磨，但同样在启示提醒我关照自己的精神，向我伸出直觉的触手。当我意识到这一点，我开始仔细查看我的生活、我的内心，与我的精神建立沟通，我才开始缓缓松弛、自由舒展，我的精神也真正开始苏醒、开始成长。现在，我能够认识到这个过程带给我的力量，是的，它带来苦痛，但它依然具有价值。从此之后，我再不会不经意间就把原本不属于我的负能量带到自己体内，因为我开始删除潜意识中那个吸收负能量的程序，我的精神已经觉醒。

离开东海岸的家来到西部，我在心里做了清晰的抉择：我再也不会以压抑自己的需求为代价去照顾周围的人或事。几年之后，我可以清楚地看到，这个过程虽然痛苦，但它就像一剂催化剂，让我懂得了我可以为自己生活，人应该遵循自己精神深处的直觉需要来生活，而不是其他。这个混乱和疗愈并行的阶段持续了很长时间。

我搬到斯廷博特斯普林斯市，花了一年的时间来安家和适应新环境。我开始在一个咖啡馆工作，因为手头有时间，我经常和朋友们在一起，去登山、去野营、去徒步旅行、去参加各种各样的音乐活动。这里的时间和空间似乎和外界不同。虽然我又经历了一次伤感的事件——我和我的男朋友分手了。但我没有因为分手而郁闷，我开始能够直面所有发生的事情，我也没有离开这个地方。我常常走到山林深处去呼吸、去弹唱，在巨大平坦的岩石上练瑜伽、冥想。我的精神清新友好，接受一切发生，消融那些令我难过的情绪，大自然还有女性朋友们的友谊也在滋养我的生活。

当学生准备好，老师就会出现

1997年秋天，为了上学我搬到了科罗拉多博尔德市，我开始在科罗拉多大学上课。因为两个原因，重新入学让我陷入困顿。第一，我找不到自己的定位；第二，我在精神直觉方面的敏感更加显现，但我却没有办法恰当地运用我的才能。我太容易感受别人的情绪波动了，所以在遇到很多人的时候，我经常会不由自主去感受别人的情绪，但这会让我不舒服。因为情绪有好有坏，对个体来说，过多地接受和吸纳，未经消化和转换，本身就是一种负担。这其实在我们的生活中经常发生，我们每个人都在不知不觉间承受着这样的东西。在学业上我也遇到不少困难，似乎我的思路和老师的传授方法总是不合拍，老师布置的作业也经常使我疑惑。我待人友好，但是在社交上，每当有人想和我接近，我就想要躲开——为了逃避更多的情绪影响。我停下来思考，当某种教育方式对发展自己的才能没有太多用处时应该怎么办？我们都知道很多知名的人物比如比尔·盖茨、乔布斯其实都没有完成常规的大学学业，但没有文凭并未对他们的成功和人生价值产生负面影响，也没有把他们拉入泥潭。在现代社会，人可以通过各种方式学习和进步，通过各种渠道来展示自己拥有的才能，如果大学教育对他们并不合适，为什么一定要勉为其难呢？显而易见的是，文凭并不代表才华，与个人能力之间也不存在绝对关系。人生中最重要的是做自己内心想要做的事情，才能够找到有意义的事业和生活目的。我离开了大学，阴差阳错中我的天分反而得到滋养和成长。

23岁那年，在一次小的交通事故中我的颈部受了伤，然后我去了一个骨科推拿诊所，治疗方案包括按摩。我的按摩师是一个具有敏锐感觉的人，她对我说："我认为你应该见见我的母亲。她是一个直觉疗愈师。你是个有直觉的人，我想她能帮到你。"我去见了她母亲，之后她成了我的疗愈老师。

老师说话细声细气，外表看起来很年轻，但其实她已经是6个成年孩子的母亲，还有4个孙子孙女。她有强大的直觉能力，而且彬彬有礼，甚至有一点羞涩，同时又是那么温柔而甜蜜。金色的头发衬托着白皙的脸庞，让她看起来就像是公主和圣人的共同体。她给我上了一堂疗愈课，在课堂上，她肯定了我的天分，告诉我人的直觉是生命体精神最重要的部分，类似于肉体的本能反应——现代医学里，肉体的本能反应往往是正确的：手接触到火就会缩回，眼睑受到冲击就会闭合，这是一种本能的自我保护，身体不受伤害才能存活和生长下去，人的精神也具有同样的功能。她还告诉我她可以教我成为一个直觉师，指导我如何运用直觉来帮助自己的精神健康成长，进而与肉体的我自洽。我非常激动，因为前面我已经有了一些自己的感悟和体验，我马上就答应了她。

我的生活环境、性格、特点、待人接物的方式曾经给我带来过痛苦，可我从她那里学到如何正确地定义自己。譬如说，我在孩提时过于敏感而且总是关注别人，原生的环境导致我非常容易受到外界情绪的影响，我的精神总是在吸收外界的能量，这种吸收带来额外的负担和损伤。我开始学到一些技巧和方法，可以用这种直觉的天分去帮助他人而不受能量的负面影响，也不会因此耗尽自己的精神能量。她给我授课、解惑，还传授我疗愈的方法和模型。通过在她那里的学习，我掌握了一些实践技能。之后在我的生活里，我运用这些方法来帮助和疗愈自己。我发现，精神直觉是每个人与生俱来的能力，但是在生活中绝大部分人未曾了解也根本没有发现这一点，甚至大部分人对精神健康嗤之以鼻。人们沉溺在追逐欲望的道路上乐此不疲，却根本没有意识到这条道路将把自己带往何方，道路的尽头又是什么？有的人因此而垮塌，有的人因此而沉沦，有的人结束生命，也有的人采用伤害他人和自己的方式试图挣脱和解答内心的困惑不解。是的，根本的问题在于不解，肉体不了解精神，灵魂困顿迷惘。我全心全意地学习有关人和人的精神世界的知识，不断钻研、观察、实践，直到我清晰地看到那束光照亮的道路，建立起一套系统。这是持续多年的努力，多年之后，我自己成了一名疗愈师，我开始帮助别人。

但这并不意味着我再也不会感受到伤心和痛苦。在我更深地走入自己的心灵之前，在我完成多年的探索与研究之前，我也遇到过其他让我受伤的经历。

那时候，我虽然接受疗愈的学习，自己也已经开始了这方面的研究，但我并没有放弃成为音乐家的梦想。我只有23岁，我仍然在弹钢琴、弹吉他、写歌、作曲，有时候在咖啡馆和音乐会独立演出，有时也会和其他的音乐家一起表演。音乐依然是我宣泄情感和思绪的重要途径。我这样生活了好几年。2002年，我决定到旧金山湾区追寻我的音乐梦，却不知这次行程中发生的事会给我带来巨大的挣扎和梦想的破碎。

有些音乐家会觉得如果被迫停止他们的音乐追求，他们会死，这真的是毫不夸张。这是他们的感觉，也是我的感觉。但不一样的是，我自己的心，我的精神直觉告诉我应该放弃音乐，因为有另外的地方更需要我。说实话，我那时真的很难听从这内心的召唤，毕竟为了音乐我做了这么多努力、排练、巡演、商务活动，还有那些满足虚荣心后带来的激动与兴奋。精神上的直觉被我自己掩上了布。如同一个人冷静下来明明知道得到某些东西并不能够让自己变得更加幸福快乐，但还是不由自主地去争取抢夺，甚至失去已经拥有的。虽然那时我不承认，但现在看来，我对音乐的追求并非发自于内心对它的挚爱，而只不过是为了向别人证明自己的价值——一种幼稚的虚荣心。但如果你的心不是真正挚爱你的

拓展你的心：精神觉醒的四个阶段

追求，事情往往会适得其反。

觉醒，做自己

有两件事情让我决定放弃音乐，这是我这辈子做出的最艰难的决定。第一件事是我的吉他被人从车里偷走了。我所有的曲谱，包括一些未完成创作的歌曲，还有吉他配件、线缆都被偷走了。即使几年之后说到这件事，我还是禁不住哽咽，这件事确实对我的伤害太大了，我真的不能接受在一瞬间就失去了一切，也不明白这是否代表了什么。我试着告诉自己，至少事情还没有太糟糕，我没有遇到枪击、抢劫和更坏的事情，至少我还活着。但我依然感觉好像被人把心脏从胸腔里扯了出来，那感觉实在是太痛了！我无法呼吸，难以置信，拒绝接受，然后紧接着，我就说不出话了，我的嗓子发不出任何声音，我只能徒劳地开合我的嘴，滑稽而悲伤。

在我的吉他被偷后不久，我来到得克萨斯州的奥斯汀市参加一个音乐节。一个星期六的晚上，我和朋友走在大街上，周围挤满了醉醺醺的人。街道两旁是多个灯光闪耀的俱乐部，播放着吵闹的音乐，街道上充满了从酒吧散发出来的浑浊气味。在这群醉汉中，我仿佛被卷进一场碰碰车的游戏，在醉汉的海洋中，从一头碰到另一头。我心里不停地问自己："我到底来这里干什么？"这时一对夫妻向我走过来。为了不撞上他们，我试着从他们身边绕过去。那位男士拉着他太太的手说："亲爱的，我想让你看件东西……"，当他把他太太拉向他的时候，他的手一下子撞到了我的鼻子上,那感觉就像他照着我的脸打了一拳。

很自然地,这对夫妻对我深表歉意,他们不停地向我道歉。我则一边忍着脸上的疼痛,一边抬头看了看夜晚的星空,心里对着各类嘲笑我的人说:"我懂了,我懂了。"在我的脸上挨了一拳之后,我终于懂了。

我马上离开了奥斯汀。

我放弃了我的音乐生涯。

我回到住处,彻底把音乐放到一边,全身心地投入到精神直觉的研究和疗愈师的工作中。我终于听清楚了我过去一直在忽视的内心的声音。我作为疗愈师的生涯开始起飞,随着我对客户的帮助,我自己也在成长和成熟。我没有向后看,也从未懊悔。几年后,音乐又回到我的生活中,但这次与以往已经截然不同。我演奏是因为我欣赏和体会音乐的美,没有功利心,没有轻飘飘的虚荣,没有其他任何粗糙的目的。

我的故事或许有点杂乱无章,但是每件事都好像是一条纺线,它们交织在一起,最终成为一块完整的画布。这块布描述了我从崩溃走过混乱,走向愈合的历程。对我而言,这些历程代表了精神的苏醒和成长。这不是故事的结束,每一天,我的心灵都在继续拓展,我的故事也都在继续。你或许也有类似的经历和故事,最终你听到心的召唤,完成了精神的成长。也或许你还没有走完全部的旅程,甚至你已经在混乱中挣扎了几十年。没关系,让我们一起跟着这本书前进下去,你最终定然会听到心的声音。

第 2 章 灵魂的追求

> 虚荣心说：一旦每件事都到位了，
> 你的心就平静了。
> 灵说： 找到你的平静，
> 然后每件事都会到位。
>
> ——玛丽安·威廉森（Marianne Williamson）

我决定拥抱自己在精神直觉上的天分，全心全意投入到研究和疗愈的工作中。2003 年，我开了一家诊所，帮助那些在生活中遇到问题的人们。客户越来越多，他们中有的人受抑郁症煎熬多年，有的人感情出了问题，有的人身患疾病，有的人失去亲人或者家园，有的人找不到生活的方向，有的人无法走出过去的伤痛……他们每个人都在努力尝试改变现状，试图找到更好的生活。

我观察到他们中的大多数人其实是因为无法和自己的精神建立起交流，他们因肉体和精神之间缺乏一种亲密自洽的关系而感到痛苦。他们太需要打开自己的心，接近自己的本心，找到和触摸自己性灵里的直觉，了解自己真正的精神需求。但是他们并不懂得这些，只是简单地认为自己想要感觉更好。

他们问的一些具有代表性的问题包括：

为什么会发生这些事？

我生活的目的是什么？

我到底属于哪里？

我怎么才可以挺过去？

为什么会发生在我身上？

这些质问毫无疑问地显示了他们在寻求沟通与帮助，这其实是一种苏醒。当你开始询问生活的目的，你其实已经踏上了精神成长的道路。如果想找到关于目的与使命的答案，一个人必须让自己的思想彻底安静下来，更深地走入自己的心。这种追索可以让你继续走下去，并最终在那里寻找到答案。

我说的心并不是你胸膛中那颗跳动的生理意义上的心，我想表达的心是你在精神维度的自我意识。人类这种高级生命体要满足肉身和精神对人生完满的需求，仅仅靠一颗跳动的器官是不够的。自我意识只是心智的一部分，而我们的心智只是我们精神的一部分。你可以想象，烛火不仅仅是蜡烛本身，它更多的是光，是光所照亮的所有显现，而直觉会带领你接近它。只有经过心与精神的通道，我们才能看到生命的本相，认识到生活的真谛，明确人生的定位，明了意义所在。

自尊与灵魂的碰撞

我们必须要理解精神追求的过程并不永远是顺风顺水或心旷神怡，这是一个需要对自己坦荡诚实的过程，自尊与灵魂的碰撞对精神的拓展至关重要。

自尊是一种相对渺小的自我意识，是我们为应对生活和环境而发展出来的人格特征。自尊可以是健康的，也可以是破损受伤的。健康的自尊可以让我们被自己和他人尊重，给予我们向世界表现真我的能力。但受伤的自尊却是我们生活中所受到的伤害的组合体，譬如说找借口、条件反射、恐惧、或者神经质，这些症状无非是我们在努力保护脆弱的自我不再受伤害。这种受伤的自尊支撑了一种并不健康的感情依附，其目的是给脆弱的自我一个安全感。

精神是肉体自我的高纬度，是我们的灵魂发散出来的光芒，是一种绝对意识（或许是神）固化到高级生命体内的一部分。心灵、自我、或更高的自我都是一些我们常用来描述这种精神意识的词汇。在本书中，我会解释为了精神的觉醒和拓展，心灵的滋养和对破损受伤的自尊的疗愈是必不可少的开端。

在撰写这本书的过程中，通过冥想，我的直觉审视到很多生动的场景，其中就包括人们追求精神成长和心灵拓展的四个阶段。或许你会误以为这四个阶段不过就是我们已经认识的生活，而忽视了它们其实反映了我们的精神和日常生活的深刻联系。在四个阶段中，物理世界和精神世界交会在一起，提供一个完整的支撑体系，使你明白生活虽然充满挑战，但其中发生的一切都有目的，也都存在内在的因果。

跟源头的交流很重要

你会经常遇到寻找生活的意义或询问事情为什么会发生的人，但是这其中的大部分人都没有决心和勇气通过和精神的交流开启自己的疗愈，他们没有办法回答自己提出的问题。例如有些到我这里寻求帮助的人，当我问他们是否在做可以支持他们愈合的精神方面的训练时，其中绝大多数的回答是："没有""似乎没有""很少做"。不管老师有多大的能力，在精神疗愈的过程中老师的帮助都是有限的，所谓"师傅领进门，修行在个人"，疗愈中的更大部分其实是靠自己。你必须愿意与你的灵魂和精神建立更坦率、更亲密的沟通。我可以把你带到门口，教授给你方法，但必须是你自己深入进去，依靠自己的精神，疗愈将会自然而然地发生。能使你真正升华的疗愈需要你在你的愿望和精神之间建立自然融洽的关系，而建立这种融洽的第一步是信任，你必须信任自己，你必须愿意为自己打开你的心。

我们的灵魂

世界上大部分人去跟随某种信仰，都祈望自己能够常常得到神的关照，摆脱痛苦与挫折，获取现实的利益。而哲学中人的灵魂渴望感受到光，渴望回归，渴望自己成为光。但是灵魂经常被人体所羁绊，这其中包括过于活跃的大脑、矛盾的情感、错误的认知，还有物质和感情上的依赖。否认情感的存在或者与情感切割并不难，但这只不过是把灵魂禁锢在情感之外，与获得情感之上的自由或免除情感的困扰截然不同。被忽视的情感会影响到他人，这种情感是我们自我认知和自尊的阴影。如果要疗愈，我们必须懂得这种自尊不是真我，真我是绝对精神播种在我们体内的火花。

在精神的光芒中，我们会感到自由和欢畅。但日常生活中的琐碎嘈杂，以及矛盾紊乱的社会价值观常常会让我们忘记了对这种美好感觉的印象。这种忘却事实上提示我们需要找回真我。一旦离开自我的精神，我们必然会遭遇困难。或许这并不是显而易见，但正是由于远离了它，我们才去追求外部的、并不美好的满足和快感。反过来，如果你通过心和精神的流畅沟通，紧密相连，你灵魂中追求的快乐与满足便可以很轻松地来到生活中。过度的骄傲只会加深伤痕，而灵魂却可以让你找到质朴而深厚的爱，这爱就是你的精神，就是你的光。

情感在精神疗愈中的作用

就像地球上有光和阴影一样，我们的心中也有矛盾与冲突。如果你曾经流下过快乐的眼泪，你就知道我说的是什么。快乐和悲伤似乎是矛盾体，但是在某个特定时刻，它们可以同时存在。矛盾的情感有时会让我们大脑中的思维困惑，但把它们同时放在心里并不是问题，因为心的工作方式和思维不同。我们的思维总是试图把这些不同的情绪分开，并努力根据社会的伦理要求专注于其中正面的情绪，但只有在我们有勇气去接受心中那些强烈而沉重、阴暗而卑劣的情绪的时候，真正意义上的精神成长才有可能发生。

一开始，强烈的情绪会让你不知所措，你或许都无法区分这种不知所措的感觉和情绪本身，甚至你会觉得天旋地转。这种状态下再拼命思考都没有意义，因为你已经没有能力去理性地思维。这时候你可以试着和体内这种强烈的感受建立联系，通过调整呼吸来帮助它消化。然后不必着急，等你的身体有能力的时候再处理这种状态。这就是我常说的把呼吸浸入一种情绪中。慢慢地，你就有能力区别开你的情绪和那种让你不知所措无力自拔的感觉，也会有能力把记忆和情感联系在一起。矛盾的情绪或许是关于你爱的一个人或者是你在乎的一件事，接受和体会过去的情感可以帮助你有意识地决定什么要保留，什么要放下。

在孩童时期，在青春期，在我们人生的所有旅程中，我们见过、经历过、感受过许多人和事。你可以通过呼吸和思考把自己浸入到旧日的情感中并释放它，探究自己的直觉，让精神帮助你身体中的能量活动起来，进而为你所用。

虽然很有挑战性，但是访问过去的情感并最终释放它能够让你如释重负。接受过去的耻辱、难堪、愤怒，把这些东西从你的精神系统中排泄出去，你的心中，你的精神将有更多的空间来承载自爱、平和，以及对新生活的喜悦与满足。这就是生活的本质：活在当下而不是过去，远离旧日的伤痕和痛苦。为了心中有更多的空间而直面过去需要勇气，本书中讨论的内容可以帮助你找到勇气。英语中勇气（courage）这个词的词根来自古代的法语（corage），这个词的含义是：心和最私密的情感。确实，直面心底最私密的情感需要勇气。当你学会如何处理的时候，去感受这些内在的情感就不再可怕。现在，让我们继续我们的旅程，更多地了解我们的心。

第 2 章　灵魂的追求

第 3 章 美好的心

任何正常宗教的发起都是一颗美好的心。

有时候我会认为爱和同情心就是宽泛意义上的宗教。

——苏格拉底（Socrates）

了解你的心

在我们探讨精神觉醒的四个阶段之前，了解心的本质很重要，特别是心作为精神中心的角色，它本身具有复杂性。

我对这个问题的思索得益于多年来在精神领域的疗愈经验和练习瑜伽的经验。可以这样讲，我对人体精神直觉和能量的很多认知都来自对印度古老瑜伽的学习和研究。

拓展你的心：精神觉醒的四个阶段

心的三个层面

我们的心包括以下三个层面：

生理的心：指的是我们胸腔中那颗跳动的心脏。

情感的心：指的是我们处理情感的中心。通过这个情感中心我们有理解力、同情心和各种喜怒哀乐的情绪，也有了意识和能力去感受自己和他人的情绪。情感的心渴望沟通，也喜爱正面的情绪。但当我们的感情受到伤害的时候，情感的心有时候会自我禁锢、自我封闭，甚至自我伤害——而我们往往是没有察觉的。

精神的心：每个人都有一个内在的我，通俗意义上你可以认为它就是我们的灵魂。每一个生命体本身都自带着属于自己的绝对精神。你可以简单地想象，人或者动物所具有的本能反应——不是经过思考判断后的反馈，而是刹那间的"无意识"反应，并且不同的生命体所拥有的反馈机制和表现不尽相同，人和狗、和鸟、和老虎，和其他任何动物、植物，都有不同的反馈机制。这种绝对的精神深植在我们的生命体里，通过灵魂，绝对精神和人的意识在这里交流。而精神的心的存在使我们有能力和潜意识中的绝对精神沟通。

本书讨论的内容主要和精神层面的心相关。同时我想指出的是，提高情感和精神的健康水平可以帮助我们的心脏在生理层面更加健康。

美好的心

灵魂植于心，这并不是一个崭新的概念，很多哲学、宗教和修行方法中都记载过这个概念。从古至今，人类通过很多种并不相同的方法来思考、感受、体验它，如果它并没有在某种时刻让人获益匪浅，它可能早已经被人类所抛弃。这么多年一路走来，基于体验、观察和审视，我接受任何神圣、美好、高尚的情感和验证方式，而并不纠结拘泥于它的具体名称和实践方法。精神层面的心是相通的，它存在于每个人，也对每个人都开放，无论他们的信仰或修行方式是什么。

在不同的宗教中，对于它们都有着非常类似的描述，任何正常宗教的发起都是一颗美好的心。例如，天主教中神圣的心就和《吠陀经》中对于心的描述类似。神圣的心象征了耶稣对人类的爱，即使他为此而被钉在十字架上。耶稣的心中有上帝的光，就好似《吠陀经》中描述的灵魂和绝对精神达到统一，从而拥有了对所有生命的大爱。在描述神圣的心的图片中，你常见到一颗红色心之上覆盖着带着刺的王冠、十字架和熊熊燃烧的火，象征着痛苦、受难和爱的光芒。神圣的心闪着金色的光芒，就好比古印度哲学里的心轮通过我们的身体所散发的光芒，宗教的描述虽然不同，意义却是相通的。

我的一个客户曾经通过打坐和冥想感受到心的召唤。在第一次感受到这种召唤时，她并未做出具体反应。但是在一次我的疗愈课上，她再次感受到心的召唤。她温和安静地与我分享她的感觉，描述那种精神和心灵相互触摸、相互倾吐、相互融合的感觉。我被她深深地感染。神圣的心往往是对来自于绝对精神的大爱的一种比喻，代表了善良、疗愈和对人类遭受的苦难的同情。当我的这个客户感受到这种大爱时，她恍然大悟，原来她一直在扛着自己心中的十字架。于是，她放下不必要的负重，开始聆听心的召唤。我们的谈话渐渐归于安静，相顾微微一笑。在这个疗程之后，她表面的生活只是做了一个小小的调整和改变，但她整个人的精神面貌从此焕然一新。

我们拥有的最美好的东西就是我们的心，这颗美丽的心。我们通过敞开它而走向绝对的精神，它是绝对精神和我们灵魂之间的通道。在这个过程中，我们的直觉将引领我们去感受和体验。

在探索心的过程中，我们必须正视曾经的痛苦，因为逃避并不能让我们远离它们。也许发生的许多事都让人心里痛苦困顿，像被架在十字架上受难，例如失去亲人、家园，破产或入狱，生病或离异，等等，不一而足。当类似的事发生在你身上时，你甚至会觉得天都要塌下来了，你不由自主地问为什么上天会这样惩罚你？可是当你学会守着自己的心，耐心省视，你会发现，不期而来的事件会带给你痛苦，但也会带来不同的可能，譬如机遇。只要让你的灵魂和绝对精神紧密沟通，找到真我，当你感到迷茫遇到挑战时，你便会对自己更宽容，懂得一切自有因果，你会学会如何开启新的"因"。相反地，如果你失去信念，你便会一而再、再而三地遭受更多挫折。生活中有喜有悲，有自由有苦难。为了实现真正意义上的解脱，必须了解生命中的双面性。我们不必为自己的挣扎而自卑，倾听心灵深处的召唤吧，勇敢向前。

那么，我们如何来拥抱和使用美好的心呢？关于这一点，古印度哲学给我们带来了世代流传、经久不衰的经典见解与道路。

《吠陀经》（*Veda*）的观点：

《吠陀经》是世界上现存的最古老的手稿，记载着印度最神圣的经文，也是印度最古老的哲学和文学典籍。瑜伽（yoga）源于古印度哲学，义为探寻"梵我一如"的道理与方法。在传统的瑜伽中，精神层面的心被称作和利达雅（hridaya），是阿特曼（atman，灵魂）的中心。如果能够摆正阿特曼，和利达雅便能够和梵（brahman，绝对意识）达成统一，获得莫克夏（moksha，解脱）。

和利达雅中的苦痛可以追根溯源到业识（samskara，精神印记、回忆或心理印记）。因果报应和业识都是人生的一部分。当灵魂走到心的中央，如同困顿、挣扎、犹疑的人穿过曲折幽暗的道路，经过漫漫长途找到光亮，从此清醒明了，终于得到自由与解脱。心中的恍然大悟、悲喜交加，看似矛盾，实则统一。认识、学习和实践这些可以帮助我们认清所遭遇的一切欢喜痛苦，获得心的自由自在。

瑜伽是心神合一

当你暂时关闭过于活跃的大脑，通过控制呼吸，平心静气关注与精神相连的时候，你可以感受到内心的平静。瑜伽可以帮助

拓展你的心：精神觉醒的四个阶段

你实现以上的目标，而不仅仅是身体上的动作。在古印度语中，瑜伽这个词的意思是"连接"或"统一"。瑜伽在古代的定义是：把精神、意识碎片连接在一起，让灵魂安详地居于和谐中。

21世纪的瑜伽定义或许已不再那么诗情画意，但依然彰显了瑜伽的要义：帮助你疗愈经历过的痛苦。如果伤痕没有疗愈，灵魂就会纠结于过往的伤痛，今天的生活就不会完满。所以你要学会勇敢地浸入过去的伤痛中，宽恕别人、宽恕自己，与所有的遭遇达成和解，不再承载过去的负荷。在这个过程中要保持耐心，如果独自面对这个任务过于挑战，当然可以依靠疗愈师来提供帮助。

帕坦伽利在著作《瑜伽经》（*Yoga Sutras*）中讲到，人需要平心静气地找到生活的目的，并在灵魂中与绝对精神和谐相处。诚实的生活和日常的修行可以帮你找到这种和谐。瑜伽的各种动作可以帮你打通身体中的经脉，使能量流通不再阻滞。身体的舒畅可以带来意识的安宁，一旦去除了精神中的各种阻滞，灵魂便更容易找到怡然自得的位置。

查克拉（chakra），能量体的解剖

在古印度的哲学理念中，精妙体或能量体包括脉络（nadis）、穴位（marma）和查克拉（chakra，人体精神力量的中心）。近年来，查克拉的概念逐渐被西方心理疗愈界接受，在西方疗愈体系内已经成为一个非常熟悉的概念。

在印度瑜伽观念中，查克拉是指分布于人体各部位的能量中

枢，从尾骨到头顶排列于身体的中轴。印度哲学认为查克拉存在于身体中，同时掌管身心运作。在身体方面与各器官功能有关，在心理方面则对情感及精神方面产生影响。查克拉跟色彩有密切的关系，由下而上分别对应彩虹的七种色彩。七个查克拉的分布为：顶轮－头顶－紫、眉间轮－眉心－靛、喉轮－喉部－蓝、心轮－胸部－绿、太阳轮－腹部－黄、本我轮－间尾（脊柱末端）－橙、海底轮－会阴－红。

如果你恰巧了解这个概念，你就知道本书中所说的心，其实就对应于心轮。心轮是精神的爱和世俗爱的熔炉，我们通过心轮和自己的灵魂交流。与心轮类似，和利达雅（或精神的心）是生命力的中心和灵魂的居所。灵魂通过和利达雅与绝对精神紧密相连，使幸福和谐的生活成为可能。当灵魂和世俗的意识开始愉快沟通，不再被贪欲桎梏影响，我们便可以返璞归真，接触我们生命本身所拥有的能量：我们自身的力量，会给我们带来疗愈和改变。

现在，我们已经准备好开启这段行程，走上精神觉醒的四个阶段。在随后的章节中，我会仔细讨论在四阶段中如何照顾好自己并实现不断进步。精神拓展的四个阶段因人而异，你或许会发现你其实正处于其中的某一步。走过这四个阶段，有人需要几个月，有人需要几年，有人在前三个阶段循环反复。在本书中，我会给读者提供研习指导。希望我的努力可以协助你走过这段路途，通过自身的精神能量，来感受生命的神奇、美好与力量。

第二部分 精神觉醒的四个阶段

第4章 打开

> 真正的精神生活依赖于深度开放，它需要勇气和力量，类似于武士的精神。这种武士精神根植于我们的心。
>
> ——杰克·康菲尔德（Jack Kornfield）

心的开放可以有多层次的理解。有些人的理解是，在封闭了一段时间后，心对爱的情绪重新开放了；还有些人的理解是，好像打开了一扇通往心的门，开始更好地理解内心深处的感性。这些理解都没有错，但本书更进一步，讨论的是精神层面的开放，特别是身体和绝对精神层面的交流，从而激发意识的觉醒，升华生活的态度。

当意识与心保持一致时，你便开始觉醒，开始追求更本质的知识，跟随心愿生活以及尝试与绝对精神更紧密的联系。这种精神上的觉醒经常被描述为恍然大悟，你开始看到生活的真谛，试着聆听内心的召唤。心的开放往往是有感而生。随着心的开放，你或许会开始做出改变，也许你会换工作，搬家，去什么地方旅行，结束一段不健康的恋爱关系，改变一种生活状态等，但也或许你只是开始面对内心的冲击，开始思考一些更本质的东西。外在的形式各种各样，但内在的警醒已经开启。

我们先来看一个例子。卡门住在加利福尼亚州，以下是她的故事：

几年前，我和当时的男朋友分手，经历了一生中最大的心理冲击。正如许多人经历过的，分手把我推到人生的最低谷。我觉得自己好像被一颗钉子钉在地上，爬不起来，根本无法从崩溃的情绪中挣脱。我不但失去了恋人，以往的伤疤也被一同撕开。它们使我彻底迷失在一种困顿的情境里，我找不到生活的方向，每天只是混日子。这种完全的垮塌让所有的以往都成为压向我的包袱，我承受着所有的负重，浑浑噩噩。我就像不知道该如何处理扑面而来的洪水，我放弃了挣扎，闭着眼睛随波起伏。

我和这个男朋友恋爱了很多年。他患有严重的抑郁症并且酗酒，但是他有一颗敏感善良的心，有很多奇妙的思想。他来自一个富裕的家族，也有非常体面的工作。为了维持我们的关系，我做了很多努力。我会开很久的车去和他见面，帮他整理衣服，帮他打扫卧室卫生，在他最喜欢的酒吧听他讲述生活中那些悲伤的人和故事，讨论人生的意义。我努力去理解他的观点，迎合他的感受。在社交圈小心翼翼保持和他的对等性。也许在这个世界上

拓展你的心：精神觉醒的四个阶段

每个人的生活都要有所寄托，那时候我的寄托就是他。

在和他分手的那个晚上，我开车回到自己的公寓，坐在沙发上埋头痛哭。我告诉上帝我受够了，再也不能这样孤独地活下去。33年来我不断努力去赢得别人的爱，最后的结果是我自作自受，无限痛苦。很长的一段时间里，晚上我无法入眠，白天吃不下任何东西，也无心打扮自己，拒绝了所有派对邀约。仿佛一瞬间所有东西对我都丧失了吸引力，我的身体和头脑一片混乱。我不知道自己还能坚持多久，我彻底放弃了挣扎。

幸运的是，我有一个朋友实在看不下去了，她向我推荐了温蒂和她的疗愈课。她对我说："去试试看吧，我等你回来。"后来我明白了她说的"回来"是什么意思。

我找到了温蒂。必须承认，在她这里我学到的东西彻底改变了我的情感观念。我认识到我自己的精神也需要滋养，这段恋爱关系并非一无是处，只是在这段关系中，我忘记了往自己内心补充对精神的营养。

过去我一直不自觉地认为有一颗包容的心就代表应该不断额外付出，别人对我的接受和肯定让我感到愉快。当我开始了解，我所做的一切不过是掩饰自己内心的绝望——我在与自己的孤独做斗争，觉得只有他爱我或和他在一起才能证明我的价值。而且我开始清醒地看到，我的这种思维方式不只存在于我和他的恋爱关系上，在工作中、在朋友关系上、在家庭关系中，我都是在通过不断付出的方式去证明自己的价值，似乎我存在的意义完全在于我是否可以帮助别人或者别人是否欢迎我、爱我——我所有感到快乐的来源都是如此。

而实际上，这种快乐是不完整的，也是不健康的。这是一种变形了的自我认同，它完全依赖外界和他人，它让我和我周围的一切人和关系陷入一种循环：我自己塑造了我的人际环境——我享受它或者被它伤害，我再次努力去营造或者弥补它，然后我再次享受它或者被它伤害。这实质上是一种痛苦证明自己价值的方式，而我过去根本没有意识到这些。

在疗愈师的帮助下，我终于明白是我把自己放在了这个痛苦的位置。心的觉醒开启新的认知。每星期我去两次疗愈中心，在温蒂的指导和建议下，我尝试音律和呼吸疗法，我也开始练习瑜伽。我试着审视自己最深的愿望，看看心里需要的到底是什么。一些看似简单的做法，实际上带来的效果却是惊人的。

每天早晨起床后，我会在纸上写下自己的需求，就是轻松直白地记录当时的念头，不必过多思索；我下载了一些音乐和讲解精神疗愈的有声书，每天上下班开车的时候听；在工作的时候，我会刻意把身体坐的更直，使精气神更容易在身体内流通。如果我想泡个热水澡，我就泡澡；如果我想吃巧克力冰激淋，我就去吃。在开始的那几周，我心无旁骛，只关照自己的需求，实实在在地把爱和关注给自己。

在疗愈的过程中，我感到我的心开始变得强壮。慢慢地，我开始可以区别自己内心深处的真实念头和我处在生活环境中的表象反应。它们有时候是那么的不同，甚至截然相反。我开始真正了解我自己：我是怎样的一个人，我有哪些优点，有哪些实际上不那么可爱的地方。心里哪些地方洒满了阳光,哪些地方幽暗隐蔽。哪些行为是我真正想要做的,哪些行为只是为了做给别人看……我和自己的生命建立起了过去从来没有过的亲密关系,整个人感觉越来越愉悦轻松。真的,当你和你生命的绝对精神开启健康的联系和沟通,你会发现所有的一切都没什么大不了的,你学会轻松地对待自己,也开始轻松地对待你的人生,从而你会开始每天早晨起床后,丰盈幸福地生活。

各种迹象都表明我开始康复,我的生活回归正常。更重要的是,我知道自己与过去不同了。我懂得倾听自己内心的声音,坦然面对自己的需求,并知道如何正确地去做。我开始充满活力。这时候,我看到,爱从未抛弃过我,过去只是我自己钻进了死胡同。我依然拥有爱别人和被人爱的能力,但我的付出不再是为了证明自己的价值。我的心是开放的,爱是自由的。

我对朋友说:"是的,我回来了。"

卡门的故事说明了我们必须要和自己建立起良性的关系。她过去希望通过别人来证明自己,虽然也得到暂时的快乐,但总有一个时刻受到伤害和感觉空虚。而当她学会通过内心寻找到自己的灵魂,让自己的灵魂和绝对精神建立起亲密关系,她便能够获得持久的爱与滋养。这完全来自于自己,与旁人无关、与周围的环境无关、与所经历的过往和将要到来的未知无关,生活的完满取决于自己。神奇的是,一旦建立起这种系统,生活中所发生的事情似乎也变得顺风顺水。

第4章 打开

为了理解心初始开放的过程，我们必须了解很重要的一点：我们的灵魂是有直觉的。这种直觉或许和我们大脑的想法南辕北辙，大脑的想法往往是基于惯有的生活体验或者是某种社会规则。虽然现代科学依然无法揭示直觉、潜意识背后的机制，我们并不完全了解它们的工作方式和呈现逻辑，但潜意识里的直觉依然可以指导我们的生活。

潜意识

潜意识未必是存在于大脑中。它其实是人体自身能量场的智慧，而且它会把信息发送到人体的细胞中。"意识－身体医学"是一门新兴的科学，坎德斯·波特博士是其重要奠基人之一。他通过实验证明了细胞其实是有智慧的，因为身体是由细胞组成的，所以我们的智慧并不仅仅存在于大脑，而是存在于全身的细胞中。这说明了也许生命中过往的经历所产生和带来的反应、印象已经被编程在身体的细胞里，有时候这些"程序"所要表达的东西会和我们大脑中的所思所想截然相反。

对身体无意识的编程

让我们举个小例子来说明潜意识对我们的影响：在课堂上老师问了一个问题，有个小女孩觉得自己知道答案，就急切地举起手，但很可惜她答错了。课堂上其他的孩子哄堂大笑，时间好像都静止了,她觉得太丢脸了。她的脸红了,肌肉也绷紧了,好想找个地缝钻进去。在那一刻,她的潜意识记录下如下的印记:"下次再说话的时候要小心,弄不好会自取其辱。"更严重的是,她或许再也不会举手回答问题了,因为她会担心万一说错了别人又会嘲笑她。这是一个具有代表性的例子,小女孩的潜意识记录下她的经历,并提醒她在遇到类似场景的时候,一定要谨慎。这就生成了一个潜在的自我保护意识。以后再遇到问题的时候,即使她知道答案,即使她的大脑想回答并确定答案是正确的,但她的潜意识都会阻挡她去回答这个问题。最终是谁胜出那是另外一个概念,但毫无疑问的是,存在潜意识和大脑想法的冲突。

有过类似的经历,潜意识就会不停地向大脑意识示警,在大脑中埋下怀疑和恐惧的种子。如何看待自己会受到潜意识的影响呢?研究表明,如果潜意识中储存了太多负面信息,向大脑发送太多负面的信号,我们实际上将处在迷惘之中,将很难辨析事物的真相,内心充满矛盾杂念,生活在疑虑与恐惧中。

自我意识

自我意识和灵魂是潜意识的两个面。了解这两个面的差异以及它们在心灵开放过程中的不同角色很重要。

自我意识是一种对物理世界的感情依附,它使我们与过去的经历绑定在一起,影响我们今天的生活态度。譬如,一个充满爱、相互支持和正能量的童年往往可以造就一个人健康的自我意识,而健康的自我意识会帮助一个人在物理世界中展示更真实的自我。人的灵魂从本质上讲都是渴望在人世间展现真实的自我，健康的自我意识会使人们在生活中不断前进。而一旦自我意识受到伤害，那么这种伤害就会带来恐惧，会给我们的精神带来有害的杂音，以往身体或精神上遭受到的伤害形成了受伤的自我意识。譬如，如果一个人在儿时就被抛弃，那么在他长大成人后，就很难再去信任任何人。

　　潜意识的另一个面是灵魂。灵魂本质上向往美好，是深植于人性中的天然性情，使人们本能地渴望真善美，是人类道德的指南针。譬如，人类有"保护幼崽（弱小）"的本能，"怜悯""同情心""感同身受"等情感是天然和原始的，道德的指南针指引人们去做对的事，建立起人类社会的公序良俗。

　　现在让我们看另一个例子。当你一个朋友困扰在某个事件中不能自拔，你训斥和挖苦他："有什么大不了的？有完没完？别再矫情了！"这种言语并不是说你不关心和爱护他，但它反映出你潜意识里受伤的自我意识。或许在你小的时候，或许在过去的某个时刻，你的父母或者其他人曾经不顾你的脆弱也这样批评过你。受伤的自我意识不但会使你在对待他人时爆发出与你大脑想法完全相悖的言语与行为（比如上面的例子，你或许真的很在乎你的朋友，你很关心他，也很想帮助他），甚至于让你在对待自己时有过之而无不及。你会"无意识"地苛求自己、否定自己、贬低自己，从而使自己陷在痛苦的泥沼里。

　　了解受伤的自我意识非常重要。太多时候我们很多人的言语行为都不自觉地被受伤的意识所支配。如果在儿童时期我们的需求一直都被忽视，我们所做的一切都在遵循别人对我们的期许，那么以后的人生中，生活就会被受伤的自我意识而不是自己的心灵所主宰。如果我们希望开放自己的心，就必须克服受伤的自我意识，去拥抱我们的灵魂。

当意识到我们不必为别人或为过去的事而活着，我们便有了进步的机会。作为一个有智慧、意识、精神的物种，我们应不断进步，认识生命的本质，认识自我，而不是在和自我本性不符的生活中日复一日，戴着面具度过一生。如果能够看清楚这一点，生活将轻松很多。

情绪

拥有美好生活的一个重点就是能够感受自己的情绪，而忽视或压抑自己的情绪是自我意识受伤的表现。打开心灵的重要一环就是勇于面对、感觉、理解、接受自己的真实情感，这也是精神升华的核心环节。

一旦看清灵魂和受伤的自我意识之间的截然不同，我们便会渐渐明白那些困扰我们的负面想法和情绪并不是真我，这些负面的想法和情绪不过是自我意识受伤的反映。坦然地面对和处理自己的情绪是让我们灵魂拨云见日的强大工具。

被压抑的情绪会阻止你看到真我。如果你过去没有学会如何处理你的情绪，那么请先认真和你的真实情绪去交谈，让它有机会表达自己。如果自己无法做到这一点，那就让疗愈师来帮助你。学会认识、了解、处理和疗愈自我意识的旧伤，你便会进步。歇斯底里地发作或不断地挑别人的毛病帮不了你，那其实只不过是在释放你面对伤痕的愤怒和无助。敞开自己的心，给情绪一个沟通和表达的机会，有意识地去感受你的情绪，学会正确地认识它和排解它。

什么才是有意识地感受自己的情绪？它意味着开始不再恐惧。每个人都有自己的情绪，你不必为此而羞愧。接受你的情绪，你才有可能去排解它。如果因为恐惧而拒绝感受和了解自己的情绪，那负面的情绪就会一直在你的心里存在。

前面我们谈到受伤的自我意识往往和我们的成长经历、社会和家庭环境有关。家庭环境、社会生活、社交活动，我们每天通过各种方式所接收到的各类信息，在媒体中看到的内容，甚至只是我们看到的别人的行为举止，都会影响我们的自我意识。其中一些东西会在我们的自我意识中打下烙印。从源头上讲，我们如何处理自己的情绪是我们自己被动习得的。举一个例子，如果一个父亲经常在儿子哭泣时对儿子说："别哭了！男孩子就不该哭。"潜意识里，这个小男孩儿的"自我意识"会不自觉地把这个观念记录下来，这样的经历让小男孩儿的自我意识认为他应该压抑任何痛苦的情绪。长大成人后，即使遇到悲痛的事或遭受挫折，他会惯性地压抑自己的正常情绪，在感到脆弱的时候会对自己说："别哭！你是男人。"这种压抑自己的行为已经根深蒂固地在他的自我意识中打下烙印。

拓展你的心：精神觉醒的四个阶段

但必须指出的是：这是自我意识受伤的表现。这种压抑并不会带来真正的坚强，它只是用一层看似坚硬的外壳包裹住了脆弱受伤的内在。大量的事实和案例证明了这一点，很多风光无限、表面成功的人吸毒、滥交、犯罪、伤害别人，出人意料地走向崩溃，甚至自杀。

人的感情和情绪是与生俱来的自然反应，无视这些天然的需求会给人带来更多的痛苦。长期克制或忽视人的自然需求不可持续。人类心中的精神渴望几乎必然和受伤的自我意识发生碰撞，提示我们打开自己的心，要求我们放下面具、自尊、骄傲和恐惧，让真我破茧而出。

对自己真实意味着我们必须勇于直面自己的情绪。在生活中你是否经常会听到某人说："我一切都好，没什么可担心的。"其实你明白他只不过在掩饰自己真实的感受。当然，这并不是说我们需要对每个人和盘托出自己的全部，或者毫无设防就去敞开心扉。直面自己的情绪指的是只有我们能够坦然面对自己的感受时，我们才能开始了解真实的自己，别人对我们才能更信任。

如何处理你的感受

只有面对、承认和接受，而不是让自己被负面的情绪折损，我们才有可能去管理自己的情绪。这个过程分为三步。

第一步：认识到受伤的自我意识中的程式（或烙印）并不代表我们真实的灵魂。譬如，如果我们对某件事恐惧，我们应该问一问:"我到底怕的是什么?真的需要担心吗?是什么让我有这样的感觉?会不会只是受伤的自我意识在阻止我?"

有时候,受伤的意识会试图阻止我们去追求心中的向往,这是因为那些程式或者烙印在影响我们,在阻碍我们追随灵魂真正想要的方向。它们制造出忧虑、紧张、各种欲念和挣扎,把我们裹挟其中,让我们看不到自己真正的需要,精疲力尽只得到短暂轻浮的愉悦,很难感受到静谧绵远的快乐。

第二步:弄清楚自己的情绪是什么。譬如,你可以告诉自己或者说出来:"我很愤怒。"相对于大喊大叫,或者带着怒气开车,承认自己的情绪是一种负责任的方式。对某种场景或事件的过度反应,其本质上就是在说:"我不知道如何处理这种情绪。"所以,我们说出有破坏性的话,做出不负责任的事情,甚至,把自己的问题变成别人的问题。

要知道我们是人,很多时候在犯类似的错。其实我们只需要学会正视自己的情绪和脆弱性,学会告诉自己:我现在在怒气中,我需要点时间和空间,现在我还没有办法交流。让我休息一下,我会弄好的。

这就足够让我们开始正确处理自己的情绪了。

第三步:用正确的方法处理情绪。下面是几条建议:

调整呼吸:调整你的呼吸。关注和感受你的情绪是集中在身体的哪个部位:头、胸、胳膊、腿、脚,或者其他,把你的关注点放在你感觉到情绪的部位,轻轻地、均匀地把气息向着那个部位呼吸。

拓展你的心:精神觉醒的四个阶段

图像化：把你的情绪想象成一幅图画。把情绪想象成一团火、一大片黑云，或者其他的东西，然后想象你如何去灭火，如何去扫除黑云，想象你找到一种对应的方法去清理这种情绪。

建立沟通：和它交谈，问它问题。你从哪里来？来自于我自己还是别人？你来了多久了？我还需要你吗？你是否可以离开？

如果它可以走，那就深呼吸，让它顺着身体的通道，感受它通过你的身体流到你的脚，再从你的脚流到地面，让大地吸纳它、带走它。如果它暂时不走，那就和它继续沟通。你会发现，在沟通的过程中，它会慢慢消失或者变化为别的思绪。

以上是几种处理情绪的方法。除此之外，还有其他很多技巧可以使用。如果你学会如何处理你的情绪，你将会开启精神成长的历程。

打开心扉，找到真我

诚实地面对你的感受，活在真我中。你能够感受到心中的渴望和现实生活的冲突吗？为什么会这样？应该怎么办？对自己诚实需要极大的勇气，甚至做出一些貌似牺牲的改变。但只有这样，你才有可能为心创造出空间，给自己机会来迎接如你所愿的美好事物。

在生活中，你的灵魂或许不止一次向你发出讯息，提醒你需要做出改变。有的人感觉到了，有的人感觉不到。那些能感觉到的人，有的认真对待，有的置若罔闻。没有行动的人一如既往与生活纠葛不休，而采取行动的人，最终获得了自己想要的人生。

翠西听到自己内心的声音，并且不顾其他人的反对追随它，最后，她得到了想要的快乐生活。下面是她的故事：

29岁时，我似乎拥有了曾经梦想过的一切：英俊挺拔，在职场上一路高升的丈夫，漂亮的双胞胎儿子，一个刚出生的可爱女儿。我们生活在一个美丽的城市，独特设计的典雅住宅坐落于一个高档社区，周围有许多亲密的朋友，两边的父母和亲友都对我们关怀备至。金童玉女郎才女貌，生活富裕体面。15年后的今天，我们依然住在同一条街上，但分别住在不同的房子里。我们10年前离婚了，而且是我提出的离婚。

到底发生了什么？我为什么选择结束这段看似美满的婚姻，让我的孩子们伤透心，让我的社会圈子不知所措，带给两边的家庭那么多困扰？是什么原因给我如此大的勇气，不顾众人的反对而做出离婚的决定呢？我的家人和朋友都那么强烈地反对我的决定，奶奶在我父亲的葬礼上毫不客气地告诉我，父亲之所以患癌去世，就是被我离婚的决定给气的。

虽然在当时，离婚只是基于我的直觉，我并没有太多"拿得出手"的理由，但是到了今天，离婚的原因却越来越清晰，后来的生活也证明了我的决定和选择是绝对正确的。

从小，我就对生命及其背后的奥秘充满兴趣，无论是阅读各种物种起源的著作，还是看到我养的宠物身体变长1厘米，尤其是对生命所具有的神秘力量、精神学说和心灵的奥秘等方面，最能让我感到享受与乐趣。虽然它们与我的专业和工作毫不相干，不能带来任何经济回报，在琐碎的家庭生活和育儿实践方面也没什么用处，但在我的心里，这种爱好与向往是无法阻挡的。结婚头几年，我和丈夫关系不错，虽然也有不少矛盾，但还算是和谐恩爱的一对夫妻。但是随着时间的推移，我发现，我们之间基本上没有什么共同话题，我们有着完全不同的喜好和价值观念，他对我的乐趣嗤之以鼻，认为那些追寻生命意义的人都是在无病呻吟。他也不认为人的精神世界有多么重要，或者说，他认为人只要在社会规则中取得成功，再得到物质上的满足，就不应该去胡思乱想。我寻求过婚姻咨询帮助，但我的丈夫却拒绝参加，明确表示这种所谓的婚姻及个人成长课程不是他想考虑的事情，他对自己很满意。他不仅认为对两性关系的认知和学习完全是浪费时间，还对我的要求大声呵斥。我试图与他沟通，但完全得不到理解与回应。我陷入长久的郁闷中，开始变得抑郁。在做了长达5年的心理辅导后，我终于认清了一点，要不我改变自己，要不我离婚。最后我决定离婚。

  这个决定拯救了我自己，也拯救了他和我彼此的人生（生活）。我自私吗？是的。但是在那场婚姻中，我们两个人都深感痛苦，没有一个人是轻松的。离婚给了我们一条通往自由的路。我深爱我们的孩子，也希望给他们一个完整的家庭，所以我足足在矛盾中挣扎了5年。离婚需要巨大的勇气，过程万分艰难，我硬着头皮挺了过来。我的心对我说，你无法改变别人，也无法改变自己，那么怎么办？你去死吗？还有这么多你深爱的人，何况你也不想

第 4 章　打开

死。离婚真的有那么可怕吗？你到底怕的是什么？……

离婚6年后，我遇到新伴侣。他支持我所热爱和喜欢的东西，也对我的爱好充满兴趣。我们每天都有聊不完的话题，常常一起思考、一起讨论、一起哈哈大笑。我感到自己充满了活力与魅力，虽然我早已不再青春靓丽，我的生活也并不比过去富裕，但是我每天都很开心。我的前夫也有了一位非常可爱的伴侣，过上了真正幸福的生活。他的伴侣完全接受他、支持他。我实实在在地看到，我们都变得比过去更好，无论是身体状况还是精神面貌。

在过去的婚姻中因为我们都不快乐，经常会相互指责。我曾经让他觉得好像他的所作所为都是粗俗无聊的，而他则让我感觉好像白痴般低人一等。我们彼此的新伴侣给了我们信心，我们都开始享受充满爱意的生活，我们的新伴侣也同样享受我们的陪伴，不再对我们有苛责与精神上的索取。

我们四个人的关系很好，不久前这个大家庭一起庆祝我女儿的生日，每个人都玩得很开心。走过这段经历，我懂得了生活中没有绝对的"对或错"，而是要看对自己是否适合。在这个过程中我学到很多，其中最重要的一点就是：你不能为别人而活，也不能按照别人的要求和期许去活，因为那根本就不是生活。

在灵魂的层面，我们对自己的生命负责。我认为翠西描述的这种打开心扉的过程，如同她听到一个"唤醒电话"。我们灵魂深处的智慧、渴望还有对生活目标的追求，存在于我们的心中。我们能听到代表着绝对精神的最私密的声音，只是绝大部分的人选择去忽视它。

除了翠西之外,我的另外一个学员也曾经告诉我,她的直觉一直向她提醒她的婚姻有问题,但是她从来没有正视过。在她小的时候,她的情感和需求经常被忽视,这种伤害在她的自我意识中留下了深深的烙印,日后也影响了她对待她丈夫的方式。她渴望被爱,渴望沟通,可是她却不知道如何得到她渴望的东西,因为她从来没有学会该怎么做。在她的自我意识里,表达爱的方式就是和人保持距离,而这与她心里的渴望完全背道而驰。当她意识到自己的问题后,她告诉我忽然之间她明白了如何去做。她和丈夫有了一次开诚布公的交谈。这挽救了她的婚姻。丈夫告诉她,其实他已经决定要放弃了,正准备提出离婚。那次坦诚的沟通让她的丈夫觉得事情并没有那么坏,他们还有机会再次建立起亲密关系。

当我们并不是生活在真我中,我们的身体会对周围的环境产生生理反应。如果有某种来自内心的智慧或者警示需要被认知,我们往往会感觉到心的颤抖。从生理上讲,心的打开有时候会让人感觉恐慌、焦虑、心痛、眩晕,甚至好像得了其他病症。从直觉的观点看,这些症状表明过去的一些生活方式必须要结束了。我们需要做出改变,而只有在深入自省后,改变才可能发生。假如我们明白这些经历是灵魂在向我们示意,在寻求真我和绝对精神的联系,我们就有可能实现自我突破。

崩溃带来突破

在我的工作中,我发现崩溃和人的精神需求之间有不可分割的关系。像焦虑、伤心、愤怒、委屈等,其实反映的是身体和生活需要精神调节。

值得注意的是,这些情绪的积累与爆发都发生在胸部附近,我们能够感觉到"气"在这个部位聚集,而这个区域就是古印度哲学瑜伽里面查克拉-心轮的中心。

在这个区域,你的灵魂试图和你沟通,换句话说,这种崩溃是精神危机。当灵魂不能再承受俗世带来的痛苦,当灵魂想要挣脱被受伤的自我意识支配,它就会尝试打碎我们身上已有的生活烙印,在心中创造出和绝对精神交流的空间。

我发现,经历这种崩溃(那些身体上的健康危机也归于崩溃)的过程也是积蓄力量的过程。最终,这种经历会让人懂得需要过上对自己"真实"的生活。如果因为认知、教育和社会原因,我们一直不相信内在精神的力量,这种崩溃会让我们明了,习以为常的生活或行为方式其实并不能让我们幸福。这时候,灵魂就会努力工作,为我们带来疗愈的机会,让我们变得更健康。通过直觉的通道,灵魂会透过意识告诉我们如何疗愈,如何保有真我,如何过上和绝对精神相联系的美好生活。灵魂从未抛下我们,它一直试图把信息发送给我们。假如在尝试了多次之后,灵魂发送的信息都不能被我们所接收,或许通过崩溃,我们终于会意识到

拓展你的心:精神觉醒的四个阶段

灵魂给我们的提示。当我们不懂那些微妙信息的时候，悲剧或危机却可以让我们恍然大悟。这解释了为什么很多人在危机之后会说："这件事终于让我明白了什么才是重要的。"换个角度看待崩溃，就可以很容易地看到危机其实给了我们一个机会，让我们终于可以观察自己的直觉，倾听内心的声音。如果我们愿意关注自己的灵魂和直觉，疗愈之门便打开了，生活开始向好的方向转变。在这个关键的节点，绝对精神给我们的支持不期而至，为我们提供多种多样的帮助。塞翁失马，焉知非福。我们开始懂得和欣赏过去被忽视的某个人或东西，也获得了从不同维度看待经历的能力。

心的开放并非一定和悲剧绑在一起。有时候，一些生活中良好的际遇和体验，譬如说坠入爱河、职场高升、突发大财或喜得贵子，一样会带来内心的冲击和混乱。尤其对很多女士而言，这种现象很普遍。

一个常见的例子是产后抑郁。从精神层面来看，产后抑郁的形成就是这种冲击和崩溃带来的。初为人母引发生物本能的"爱"，和惯有生活轨迹的强烈对比，带来情绪上的激荡波动，生理上的内分泌因此失衡，造成生理性的反应：抑郁、狂躁、悲伤、敏感、绝望等。而其实因生产而内心里新生的"爱"，原本是要给予母体生命一种满足感。如果不能认识和调节这种因心灵拓展造成的崩溃和混乱，悲剧和负面的事件就会发生，比如自残、与亲人的冲突、自我压抑，极端的会自杀或杀死自己孩子。

如果能认识到内心的冲击和爱，通过恰当的方式去调节，就能找到能量振作，使生理上的荷尔蒙平衡，并最终把平和喜悦带回心中。

直觉

除了灵魂，潜意识中另外一个支撑我们成长的东西是我们的直觉，直觉是灵魂与绝对精神交流的声音。有些人天生会比其他人敏感，这些人往往更有直觉力。家庭和社会环境会影响直觉力的发展。譬如说，如果一个家庭在生活中有一个强烈的观点，相信任何事之前都必须看到确凿的证据，必须有所谓的科学依据，必须有符合惯常逻辑的推演，那么，这个家庭中的成员就很难相信直觉和一些不太符合常规逻辑的东西，但这并不说明这些人没有直觉。正好相反，每个人都有直觉。不同之处在于，每个人的直觉发展程度不同，使用直觉的能力也不一样。想一想，在生活中你是否遇到过这样的经历，你的直觉告诉你如何去处理一件事，你却没有按照直觉去做，结果事情变得一团糟。如果你听从了心中的那个"小声音"，本来可以避免坏事的发生。

直觉是我们潜意识里的智慧，能够指引我们走正确的路。当我们的心是澄澈的，我们就会拥有清晰的直觉。当我们情绪激动、思维混乱、失去根基，直觉也不会准确。为什么我们要尽量保持清醒、放松、学会分析和处理杂念？因为只有如此，直觉的声音才能清楚表达。

在瑜伽查克拉理论里，直觉和身体中不同能量中心共振的方式也各不相同。在心轮，直觉是心灵的声音，引导我们体会心的理想状态，与绝对精神沟通，达成和谐。心的理想状态是：快乐、爱、安详、美好、欣喜、虔诚。这些理想状态只有在心和绝对精神达到和谐的时候才会发生，直觉会指引我们抵达这种境界。对有些人而言，达到这种状态需要经历人生中的因果，而对另外一些人而言，达到这种状态却相对容易。内心的直觉就像幽暗通道中闪烁的微光，顺着光的指引，灵魂就能找到真正的目标，让我们走向自我真实的生活。

当你的身体对能量有反映的时候，意味着太阳轮中的直觉被启动了。当你感觉茫然、空虚，这是腹部接收了太多信息的反应。太阳轮，也称第三脉轮，作为能量中心的功用是帮助我们在生活中导航。如果周围的环境或者他人的能量通过第三脉轮进入到我们的能量场，那么我们的情绪就会受到影响，无论是正面还是负面。在这个能量中心，我们必须持有清晰的自我意识。否则，我们就可能因为吸收太多别人的能量，把别人的需求置于自我需求之上，从而失去自我。感受强烈的直觉需要有强大的自我意识，认识内心，探索直觉，要有勇气和决心。我们都渴望心到达理想的状态，但如果没有来自第三脉轮的决心和自我的能量，这种状态不可能实现。在心灵开放之初，我们会隐约地感觉到应该做点什么，或者觉得已有的是不够的，但要抓住直觉的召唤，并付诸行动，用强大的自我意识，让自己充满信心。

如果忽视或否认直觉，身体和生活都会混乱。听不到或者不去倾听直觉，意味着受伤的自我控制了我们的意识。相反的，如果我们开始听到直觉的声音，在某些时刻敏锐地感觉到它，哪怕只是瞬间，说明我们开始感受到灵魂和受伤的自我在争斗，直觉在发出信号，这时候我们就要开始学习和把握内在的智慧带给我们的指引，走出伤害，走出挣扎、矛盾与冲突，走向明亮的道路，向自我敞开心扉，让直觉的声音在心房回荡。

如何听到直觉的声音

如果你已经开始和你的直觉联系，你会明白它们是多么美妙，请保持下去。

如果你刚刚开始了解直觉，或者你希望让你的直觉更强，你可以尝试做下列这些事：

关注内心发来的提示和信号。如果生活太难了，你感觉在逆流游泳，停下来，检视内心的需求。

通过呼吸调理让思绪平静。

想象孩童时期的你，仔细聆听他（她）的想法。

和自己谈话，说出自己的欲望、念头和想法。

建立对直觉的信任。在一些小事上让直觉指引你，看看会发生什么。通过不断的锻炼，你的直觉力会越来越强。

继续进步

心灵的初次开放会持续一段时间，它将带领我们到达新的层面。灵魂提示我们需要成长，心灵的空间需要拓展，并延伸它的界限，我们的身体会感到情绪上的起伏和生理上的反应，然后，我们惯常的生活将开始发生变化。这时候，受伤的意识会试图把我们拉回到过去，挣扎就此产生。我们该怎么做？力量在哪里？谁可以帮助我们？是时候转向内心并倾听直觉了。在这个阶段，我们就好像坐在船上，把船桨扔到河中吧！让直觉引导我们顺流而下，内在的力量就是我们的动力，它会带我们找到让我们欣喜的人和场景。

帮助我们的方法

第一步：谈谈你在这个阶段的经历。

分享你的故事是一种宣泄。讲一讲或者写下你的故事：简单明了、直截了当地描述你在这个阶段的感受。最后，描述这个经历给你看问题的角度带来什么样的转变。当你把经历看作是心灵打开的机会的时候，这种转变给你带来了什么？

第二步：想一想下列问题。

什么是最初的心灵开放？

在这个过程中我学到什么？譬如，我和自己更深层次的情感建立了交流；我更加信任自己；我开始学会如何定义我的边界；学会如何放下；清楚地看到生命很难得；并不是所有的事情都理所当然……

在此之前，是否直觉一直在试图告诉我什么，而我却忽视了它？我没有去听，也没有去做？

哪种儿时的观念使我最终走到这个阶段？我是否在内心一直认为：我不够好（没有人比我更好），表露情绪是不对的（表达才是对的），我很自卑（我很骄傲），等等。

这些儿时的观念在现实生活中对我有帮助吗？如果没有帮助，我应该看到和掌握什么新的想法？

无论发生什么事，我是否应该宽恕自己或他人？原谅是可以的吗？如果是，我会不会去做？

第5章 混乱

> 混乱促进了创造力，崩溃带来突破。最痛的时刻我们最接近实现自我……当我们痛彻心扉而不是无动于衷，当黑暗被光明照亮并未被遗忘，只有那时，我们才可以前行，也必将前行。
>
> ——玛丽安·威廉森（Marianne Williamson）

混乱是一种动荡且支离破碎的状态，它发生在心识打开之后。它之所以会发生，是因为生活和真我的需求并不一致，或是因为我们需要更深地了解真我。当我们经历心识开放的过程，那些曾经受过的伤害，包括心碎、事故、家庭矛盾等，都一一显现出来，我们需要被关注，需要疗愈，心识打开之后，不可能一下子就进入美好的生活状态。换句话说，在达到更好的状态之前，我们的生活可能会更混乱。相较而言，这个转变的过程对有些人更容易，但还有一些人，发现真我的过程伴随着多种情绪的产生。有时候，我们体会到很多正面情绪，但更多时候，我们需要面对很多负面情绪的挑战。

混乱有助于揭开眼罩，打碎桎梏，看到真相。我们会感到迷茫，好像我们一直在被自己所拥有的东西愚弄。我们会问：我过去在哪里？我一直在做什么？然后会面临一波又一波的负面情绪，这让我们内心痛苦，并开始质疑自己。比如说，你知道自己真正想做的就是一名园丁，但你出生于一个医生或律师家庭，全家人对你的期许都是子承父业。家庭的羁绊和影响是强大的，真正脱离家庭走自己的道路并不容易，这违背我们的生存本能。但它是那么真实而强烈，内心的呼唤与现实生活发生激烈冲突。类似的冲突可能是家庭关系、婚姻选择、专业兴趣、工作爱好等，这些冲突痛苦且具有破坏性，它让我们的内心实际上处在受伤和矛盾之中。

从更高的层面说，混乱是生命力的特殊表现形式，是来自于更高智慧的力量。当它开始游走于我们现有的生活，我们很难控制它。龙卷风、海啸、飓风、地震等自然灾害发生时，平静的生活被完全打乱。试想，如果房屋在龙卷风中被摧毁，我们就不得不离开自己熟悉的一切，搬到另外一个地方。情绪可能会在意外的时刻不受控制地浮出水面，在内心留下创伤带来的症状。我们有可能与死亡经历亲密接触，然后生活态度发生巨大转变。大自然的灾难很多时候会动摇我们对神的信仰，但失去信仰呢？实际上对我们于事无补。相反的，我们可以把混乱当作重建和迁移的机会。

混乱中开始的精神拓展非常强烈。这强烈的震撼让我们看到真我：我想要的到底是什么？我究竟是谁？直觉在告诉我哪些东西？是什么原因让我反思？直面真实，我们才有可能走出混乱，走向疗愈。

混乱让我们找到真我

下面是蒂娜的故事：

我结婚了，有三个孩子，在波士顿一家律师事务所做助理。30多岁的某一天，我开始对婚姻和周围其他一些事产生疑问。我的丈夫酗酒成性，对此我忍耐了很久，我不是没想过离婚，但我发现自己对婚姻有依赖症。有一次，孩子不在旁边，我和他单独出去度周末。在那个周末，当我再次面对一个醉醺醺的男人时，我不再对自己遮遮掩掩。我站在角落，看着他，仔细审视内心的想法。毫无疑问，再次逃避问题只会越来越糟，这个婚姻必须结束了。

我们协议分居，将在两年内正式离婚。接下来，我的生活开始进入一段混乱时期。

在分居等待离婚的过程中，他突然死于肝硬化，时间仓促得让人来不及反应。他11月确诊，12月就走了，留下我和三个孩子，一个17岁，一个14岁，一个10岁。孩子们本就没从我们离婚的冲击中走出来，现在突然间又失去了父亲，我们的经济状况也面临挑战。

我去领取他的保险金，保险公司告诉我，由于他没有按时缴费，保险已经作废了。我和孩子的生活陷入窘迫。我开始在银行做兼职，同时做两份工作。有一天，大女儿突然打电话给我，她歇斯底里地叫喊，说她刚刚梦到了自己的父亲。我听见电话那头三个孩子在一起号啕大哭，我知道我必须马上回家，和我的孩子们待在一起，但是我不能走，我没有勇气直接离开办公室。

等我回到家时，孩子们已经东倒西歪地躺在地板上睡着了。我坐在沙发上看着我的孩子们，下定决心辞职。辞职之前，我在银行做了10万美元的房屋抵押贷款，因为他们给员工的利率比较优惠，之后很长一段时间，我们就靠着这笔贷款和信用卡度日。然后，我不得不考虑卖掉丈夫的公寓，并开始接手和操持他原来的生意。不巧的是，那几年因为金融市场的崩溃，我的房子、他的公寓都严重贬值，还有我刚刚接手的生意也经营困难。

即使现在只是回忆往事，我依然感觉不寒而栗。那个时候真的太难了，我不知道怎样才能在精神方面和经济方面照顾好我的孩子们。面对那么多的压力，我无处可逃，也无法躲避。有时候我难免会想：如果没有离婚呢？如果一切一如既往，意外是不是就不会发生？但即使因为压力而产生各种凌乱的思绪，如果我要保持诚实，那我依然要承认：意外不会因为离婚与否而不到来，整个社会产生的金融危机更是不由我们做主。

要度过这一切实在是太难了。我感觉到自己快要被压垮，面对凌乱的生活，我似乎没有足够的气力去整理和重建，我总是被自己突然而至的情绪摆布，总是涌现出各种各样的思绪而无法静下心来。我开始寻找解决的办法，我意识到，第一件事情就是先让自己安静下来。我开始每周练习瑜伽，参加疗愈课程，找到一个疗愈师来帮助我排解和调整。随着课程的进展，我的心绪渐渐变得安宁，我开始能够冷静、客观地分析和处理生活中的琐事。一切开始变得有条理，我和孩子们彼此理解和支持，家庭关系也更加亲密。生活开始向好的方向发展，经过思考，我保留了部分财产，回到律所努力工作，很快我升职了。几年后，那个当时哭着打电话给我的大女儿被耶鲁大学录取，其他孩子们也都生活得健康快乐。

生活终于平静了，语言很难完全描述我走过的心路和经历过的一切。我深刻地领悟到，生活旅程中最重要的是不要忘记关注自己内心的想法，诚实地对待自己，你会发现并活出一个完全不同的自己和人生。所有问题和挑战，其实给了你直面自己心灵的机会，学会正确地认识和面对，生命就会成长。这段经历最终打造了现在的我，拥有温暖和睦的家庭，成为一位幸福的妈妈和一名职场精英。

在蒂娜的故事中，她描述了离婚和丈夫去世后生活所面对和经历的混乱。在混乱中她的诚实与勇气让她坚持了自己的直觉和选择，并最终疗愈自己，走出了困境。从那时起，人生中许多扇门都向她打开了，她的工作、生活、和孩子们的关系，包括后来她遇到了更好的伴侣。她参加过我的疗愈课程，她让我意识到自己工作的非凡意义，她的转变也再次向我证明，无论发生什么，只要我们找到自身的能量，人生就能够焕然重生。相信自己的直觉，诚实地对待自己，直面自己的灵魂，我们就能够得到智慧与指引。

只有你才能找到你的真我

在我们的身体中，真我是存在的核心。在这个层面，每个人的真我都与自己的绝对精神一致，它始于本源，但是每个人通往真我的道路却不尽相同。在发现真我的过程中，直觉会指导我们到底需要什么，即使它所指导的东西与你熟悉的方式或者与别人对你的期许不同。真我并不只是简单的一个想法，比如想住在哪里，或者考虑应不应该结婚，它是更本质的一种需求。我们需要一步步地寻找和思考什么是自己内心真正渴求和需要的，而不仅仅为了单纯适应生活和向社会环境妥协。生命只有一次，本来这短暂时光给了我们无限可能性，生命的直觉告诉我们什么是我们真正喜欢的，什么会给我们带来真正的快乐。但是我们对这种与生俱来的本领缺乏认知，受伤的意识和外在的东西，环境、规则、习惯等蒙蔽了直觉的眼睛，使我们很难看到灵魂的真实面目。

实际上在生活中，我们的灵魂不断向我们发出信号，提示它的存在。只是很多时候我们丧失了对自己的信任，戴着眼罩，盲人摸象一般认知自己的人生。我们在喧嚣中生活，忽略了内心的声音，然后经常发现已有的生活和自己的想象冲突不断，情绪由此而生。没有真我的生活，就好像你一直在掩饰一个谎言，左顾右盼，精疲力尽，感觉如同某个东西要吃掉你，或者你的胸中在着火，甚至你会觉得你将内爆，而事实上，你就是在内爆。

谎言中的生活使得体内能量场变得扭曲，给身体和精神带来一系列的问题：失眠、抑郁、焦躁、恐慌、各种疾病……这让我们所做的一切努力都付之东流。为了掩饰谎言，我们不得不去寻找更多的托词，然后陷入可怕的循环。

而当我们的内心是清澈的，对自己对别人诚实的时候，我们处于最自然的状态。无论外部环境具有多大的困扰和混乱，只要学会倾听灵魂的声音，遵照直觉的指引，找到自身的能量，那与生俱来的睿智将为你抚平所有的创伤，照亮前行的道路。

混乱的形成

先来看一个故事。

乔西是模范太太和母亲，她的整个生活都是围着家庭在转，她为丈夫和孩子付出了一切。她的丈夫不是一个正直的人，这一点她在结婚的时候就知道。虽然她一直怀疑丈夫不忠，但她从来没有质问过他，也没有试图去了解过，因为她觉得这样对她和孩子都更好。从外表看，她的家庭和睦，丈夫事业有成，但只有她自己知道她的内心承受着不曾间断的疑惑和负重。她经常心跳过速，在难以掩饰和控制自己的时候会对周围的人突然变得刻薄或颐指气使。

过去，她常常为能够把生活过得井井有条而自豪。但随着焦虑的加重，生活的表象也开始崩塌。她的情绪渐渐变得一团糟，经常失控，她无法再专心致志地打理家务，在社交中也开始敏感和倦怠。她在和朋友的约会中迟到，对别人无意中的言语过度解读和反应，甚至好几次崩溃式地和朋友为了一点小事而争吵。朋友们开始渐渐疏远她，孩子们对她的改变也一头雾水。但她不愿意说出她对丈夫的怀疑，她把情绪都发泄在了别的人或事上。

乔西一直在忍耐着内心的疑惑和惶恐，她恐惧家庭的破裂，恐惧看似完美的生活被打破。直到有一天，丈夫向她坦白自己已经出轨多年，只是因为考虑孩子的感受，所以迟迟没有提出离婚。很自然，乔西出奇地愤怒，完全失控。多年以来，她的直觉一直在告诉她哪里不对，但她选择不去面对它。她没有勇气问自己逃避到底有没有用，也没有勇气去思考自己到底需要的是什么，更没有勇气去和对方沟通。她把自己包裹在疑虑中，关闭自己的思维，在日复一日的压力中走向崩溃。可以说，她对直觉的漠视和回避导致了关系的不可挽回。如果她在感觉不对劲的时候能够开诚布公地和丈夫谈谈，如果她能够意识到婚姻出现问题而采取一些必要的方法来解决和调整，即使最后离婚仍不可避免，但至少她将保持尊严，也会让自己处于更有利的地位。

乔西的经历非常典型地说明了造成混乱的几个因素：

漠视自己的直觉。

内心缺乏安全感。

不去处理或者否认自己的情绪。

什么是忽视直觉

在我的工作中，通过对大量人群的观察和分析，事实表明，忽视直觉会导致很多坎坷，而那些坎坷的经历，不断地在伤害人们的精神和肉体。我们的精神是那么容易被浸染和影响，就好像一个非常干净的东西很容易被污染，以至于看不到它的本来面目。但同时它的本质又是那么纯粹与坚硬，当我们打磨掉它上面的层层覆盖，会发现它的光泽一如既往，从来没有改变。我们本就拥有对我们最好的东西，只是我们没有学会去善待它。

直觉，作为灵魂的声音，总是会告诉我们真相是什么，即使这个真相和我们想听到的并不吻合。当我们拒绝倾听自己的直觉，混乱就会发生。人需要很大的勇气才能面对自己的情绪，但这可以帮你找到真相，并最终摆脱混乱，达到清醒的状态。你会因此感觉更好。与此相反，如果我们不倾听自己的直觉，不承认自己的情绪，不明白心中的情绪到底是自己的还是别人的，我们就会陷入混乱，不能自拔。混乱并不是真我，我们不是注定要在混乱中一直生活。

在受伤的自我意识的杂音中，灵魂通过直觉和我们交流。混乱之所以产生，是因为我们把精力花在别处，没有按照心的指引而生活。比如说，如果你的饮食主要由快餐和加工食品构成，过不了多久，你的身体就会告诉你可能哪里有点问题了，你会感觉疲惫、面容苍白，或出现消化系统的问题，这是身体健康的混乱。当我们感觉有什么事情不太对劲，或者有什么事感觉非常好，这就是直觉在试图把真相告诉我们。我们本有权力过一种体现真我的生活，但是在今天的这个社会，我们的情绪和自尊往往被世俗所认可的物质成功而绑架，而实际上这种被定义的成功非常肤浅。

当我们屈从于这种视角,就好似直觉被头巾盖住般看不到心的诉求。

让人欣喜的是,目前我们处于一个心灵成长的时代,越来越多的人关注和进修自我的精神成长,练习打坐、冥想或瑜伽,学习营养学和其他提高生活质量的方法。正是源自于直觉的力量,让我们开始明白生活的内涵远比表面上看到的那一点要多得多,让我们意识到社会的繁华表面之下,人们承受了太多原本不应该承受的东西——与生命和自然无关的东西。

直觉是意识与灵魂之间的桥梁,灵魂的进化很自然地要求我们有意识地扩展自己的感知力。直觉可以指导我们过真实的生活,但听到直觉的召唤,我们必须要拿出勇气。有时候这个过程是困难的,因为我们需要面对很多受到伤害的情感,有些是自知的,还有很多是我们所不自知的。

在处于混乱的阶段,我们的责任是清洗伤痕,排解情绪,提高感知力,追随心中的直觉。直觉不是预感,也无关预知,它其实就是你当前的状态,它能够帮助你了解当前的需要,从而让你知晓如何在未来过得更好。

没有安全感或心灵空虚

当我们感觉处在一个安全的境地,无论是现实环境还是心理环境,身心得到彻底放松的时候,你会发现自己内心的需求非常清晰。而事实上,我们往往处在一个非稳定、非安全的境地,无论是生活还是情感,我们有太多的欲念和恐惧,我们渴望得到而又害怕失去，没有一刻是平和的，这让我们的精神实质上处在一种焦躁的状态：有的人表现得多一些，有的人则表现得不那么明显。但实际上没有人能够彻底摆脱欲念和恐惧，正是欲念和恐惧让我们的心灵变的空洞。如果能认识到这一点，即使我们依然无法彻底摆脱它，但正确的观念和清晰实在的认知，将会帮助你填补内在的虚空。也许我们依然有着各种需求与渴望，但恐惧已经离开了我们，这个空间变得安全，重压将不再让我们失去平衡。

查克拉中柱：能量体核心

在本书第一部分的结尾，我们介绍了古印度哲学中查克拉的概念，查克拉也是现代瑜伽的中心理念。人体的能量点以人体脊柱为中轴分布，身体中部的主经脉是中轴通道，我把中轴通道称为"柱"，这个"柱"是我们的根基（核心），是生命力流动的一条主通道。经由这个通道，生命体用大约 72 000 条经脉为我们的器官和能量点（查克拉）提供能量。

如果一个人的中柱是充实和强壮的，即使某个时刻他的能量体出了问题，遇到暂时的困扰和混乱，绝对精神都会赋予他力量很快战胜和走出来。而如果一个人的中柱是羸弱的、弯曲的、或空虚的，那其实是生活中遭受的伤痛和挑战让他迷失了，他已经没有能力去追寻力量，故而导致生活变得不可控，压力变得无法承受。从瑜伽的观点来看，如果中柱过于虚弱，外部的纠结就会占据内心空间，从而使人丧失安全感。但这种情况会导致另外一种情况，那就是它有可能提供一个机会，让人借此拓展自己的内心。因为当内心没有安全感或充满恐惧，无法找到真我的时候，人会本能地找到各种寄托，这个寄托可能是工作、别的人或者其他东西。一旦这个寄托不在了，人会感觉到崩溃。这个崩溃会像一个堆满了物品的房子，当所有的物品碎为一地时，房子也就有了新的空间。

有很多方法可以让我们的能量中柱更强。能量中柱本身是生命力的核心，想想"生命力"这个东西，它蕴含着无限的力量，而我们甚至不懂得如何去善用它。在东方古老的智慧里，那些拥有无上智慧的智者，经常使用冥想、打坐、精神修行的方法让自我更加健康，瑜伽动作、针灸、推拿或其他舒缓身体的方法也能够帮助我们从能量中柱获得疗愈，同时让能量中柱变得更强。是的，学会认识和使用它，不但能够让我们得到很多有益身心的效果，同时也能够帮助它变得更加强大。它与生俱来，是我们生命和身体的一部分，是生命力的通道，七个查克拉能量点沿着它分布于我们的身体，学会认识它、感受它、使用它，是一种非常有效的疗愈方法，它也能让我们和自我精神的沟通变得更为简单清晰。

混乱可以使你的心开始开放

我们提到过，精神觉醒的四个阶段的前后顺序未必一成不变，有时候混乱会发生在心灵开放之前。在某些情况下，混乱会带来心的开放。如果一个人的能量中柱很弱，那便没有办法在精神上建立和保持边界，会很容易吸收别人的能量，也没有足够的精神空间来容纳自己的情绪，从而造成自身情绪和能量的外泄。适时地处理和排解积攒的负能量非常重要，被压抑或未表达的情绪让能量体浑浊和滞重，身体无法无止境地容纳，就会导致有意或无意的外泄，表现为胡闹、发脾气、做过分的事、甚至使用各种安慰剂，最终导致各种失控。而随之而来的混乱或许会促成心灵最初的开放，给内心一个机会去排解积压的情绪。由混乱带来的心的开放，说明绝对精神在通过直觉反应，试图让我们觉醒，让我们去审视自己的生活，了解为什么我们会有目前的状态。如果我们拿出勇气，去面对和检视自己的状态，通过有效的方法来整理一地鸡毛，我们就能获得力量、获得新生。转变并不容易，这样的过程就像试图走过扭曲的时空，但只要摆脱怯懦和恐惧，走过这段路途，精神便会获得疗愈。

未排解或被忽视的情绪

压抑情绪会导致内部和外部的混乱。当情绪不被感受或处理，它会变成一个人的阴影，通过人体能量场发散，周围的人可以感应到这种负能量。这种能量对自己和他人都有伤害性，它不仅影响他人，也会吸引更多的负能量到自己身体中。有意识地去处理自己的情绪，把负能量从阴影中移出，置于阳光之下，去审视、观察和感受，学会去除它的负面属性，对精神健康尤为重要。

有些人对心理治疗非常反感，在他们的眼里，接受心理治疗的人都有精神病。之所以他们拒绝反省，不愿审视过去，不接受自己有伤痛需要疗愈，其实只是他们没有勇气打开锁在他情感上的枷锁，这让他们不得不在生活中负重前行。压抑情绪会让人内心痛苦混乱，其外部行为表现出思维模糊、记忆力衰退、踌躇不决、心悸、抑郁、易怒等健康问题。生活是内心的镜子，压抑情绪、内心混乱必然会让婚姻、经济等方方面面受到损害，使生活支离破碎。在失去一切后，人们才会被迫正视自己的情绪，也只有在这时，他们或许才有机会接近自己的灵魂。

压抑情绪的另一个表象是过分情绪化或戏剧化。压抑自己的情绪往往来自一种盲目的自信：我可以照顾我自己，我不需要任何人的帮助。在心理学中有一些案例，当一些人童年时期的情感不被关注，往往成年之后，潜意识会更渴望关注，以至于会变得过于情绪化。这种类型的人往往很愿意、也很会照顾人，同时使用别人对自己的需要来定义自我价值，他们渴望别人的爱和对自己的肯定。但当他们的感情过于丰富和执着，以至于给他人带来不便和困扰时，他们就会觉得失去自我价值，陷入伤感和怀疑。这种情绪化的人格往往会让周围的人不知所措，让身边的亲友精疲力竭。

并没有很多人在小时候就得到教育，教我们认识到一个人有情绪是正常的。但事实上，每个人都有喜怒哀乐。如果我们承认自己会有负面的情绪，这是一个好的开端，我们更接近接受自己对这些情绪的责任，而不是把情绪发泄在他人身上。情绪不是别人的责任，它是一个人的过往和幼时经历的反映。当你对某人发怒的时候，试一试在脑海里把他换成你的父母、兄弟、儿时的朋友或老师,你会发现这个场景和你的经历有着惊人的相似之处。偶尔强烈地表达情绪未必是坏事,这给你一个机会去认识过去对情绪不健康的处理方式。

创伤

有些事情之所以有持续的伤害性,是因为我们无法用正常的思维理解这些事为什么会发生,这种伤害和痛苦很难排解。但在这个时候,直觉疗法可以绕开意识,直接到达受伤或被压抑的情绪,这比其他方法更加有效。虽然在很多情况下我们能够明白这些创伤是如何发生的,但实际上更多时候我们寻求的是"为什么?"

如果创伤来自于一场冷血犯罪中失去孩子或亲人,你很难认同这种遭遇会成为打开心灵的机会。确实是,如果认为有爱、有慈悲、有善意存在于类似的事件里,这似乎是冒犯和不尊重那些受伤的人和事实本身。让一位刚刚在犯罪事件中失去孩子的母亲当下接受惨痛的现实是不合理的。类似的情况下,与其去寻找让她立刻平静的方法,不如接受她的悲痛和愤怒,让她在时间的流逝中重新感受她对孩子的爱,这种爱并没有因为孩子的离去而消散。每个人的肉体都有消亡的一天,而精神不会,爱不会。认知精神的力量和影响力是重要的,当一个人的灵魂离开他的身体之后,精神的影响并未随之而去,而是会继续影响人们的生活。一个人的精神之光是如此强大,即使在他离开这个世界之后,他的精神之光依然不灭,譬如那些艺术家、作家、音乐家、精神领袖等,而亲人之间的精神影响更为直接。精神是上天赐给人类的力量，即使在肉体离开之后，那些我们深爱并思念的逝者，将会继续触动我们的精神，让我们以不同的视角看待生活。

当你在生活中失去一个挚爱的人，即使她依然活在这个世界上，这对你的心带来的冲击也会非常强烈。例如，当父母发现孩子犯罪、吸毒、自杀时感到的无助与绝望。你深爱的人因为此类原因从你的生活中消失，那种感觉让人难以承受。如果你爱的人走上一条痛苦泥泞的道路，并因此远离你的生活，你的心中会有很强的负罪感。

让我们看看苏珊的经历：

当我发现大女儿吸毒的时候，我觉得这个事是可以修正的。我和先生都属于成功人士，有知识、有经济实力、有社会地位。我想如果我们委托最好的机构，给她最好的心理治疗，并送她去最好的戒毒中心，她就一定能克服毒瘾，让她和我们的家庭回归正常。然而在经过12年的痛苦、心碎和挣扎之后，我终于明白毒瘾对她而言是一种绝症，我们没有能力去改变它。

作为父母却没有办法帮助自己的孩子，那种绝望的感觉，真的就是心碎。每当我审视过去或希冀未来时，痛苦就淹没了我。有很长的一段时间我一直在问自己："为什么？为什么会这样？"我们梳理检视了所有的教育方法、生活环境，都找不到合理的答案。强烈的挫败感击倒了我，我和丈夫的关系也陷入相互指责之中。每天晚上我都辗转反侧，我不能停止思考这件事情。尤其当我看到和她一起成长的伙伴、朋友都完成学业、拥有美好的工作和生活时,我便陷入崩溃的情绪中无法自拔。我知道我是那么爱她,但我惊恐地发现,在某些时候我开始仇恨她,不止一次对她产生疯狂的念头,我想毁灭她和我自己。我感觉自己站在悬崖边,有一种力量在不断诱惑我跳下去。

丈夫察觉到我的异常,虽然他同样心碎,同样哀伤,同样在12年的反复折磨中心力交瘁,但理智让他帮助我找到一位精神疗愈师。在疗愈师的指导下,我渐渐接受眼前的现实。我清晰地记得,有一天,我静坐在花园里,按照疗愈师的教导调整呼吸。阳光洒在我脸上、身上,我微微闭着眼睛,感受着和煦温暖的空气。我似乎闻到幼小的女儿身体上的气味,我突然无法控制地泪流满面。我知道,比起吸毒来说,我更害怕失去她。在所有的人躲避她、轻视她、伤害她的时候,其实她比我更加恐惧和无助。我是她的母亲,我怎能甩开她求助的手,让她独自陷在无尽的黑暗里呢?

现在我和她接触的机会并不多。但如果我们有机会待在一起,我会选一个让我们两个在身体、情绪和感情上都感觉中性的地方。我试着摘掉有色眼镜看待她和我们经历的一切,这让我可以接受她,也可以接受我自己。我努力放下心中的观念和执着,仅仅关注于爱,即使我仍有悲哀和恐惧。我珍爱和女儿在一起的每分每秒,感恩可以看着她棕色的大眼睛,握着她的手,亲吻她的脸颊,和她一起开心大笑,或给她一个拥抱。

苏珊经历了漫长的痛苦,在绝望的情景下,她通过精神疗愈找到力量和安慰。这对苏珊是艰难的,虽然她的女儿还活着,但事实上是处于自我毁灭中。她的心或许永远不会彻底平静,但以开放的心态看待这一切,她和自己的精神世界达成和解。随着对毒瘾的深入认知,她结识了一些有着类似境遇的家长,她知道自己并不是孤独的,也接受毒瘾其实是一种疾病。这让她稍微释怀,也让她发现自己依然有能力帮助自己的女儿。

类似的创伤会促使我们打开自己的内心,在这个过程中,有很多能量流出或流入我们的身体,这种能量交流是一个刻骨铭心的过程。如果你因此而陷入混乱迷茫,请不要压抑你的感受,去体会、表达、接受它。学会给自己安慰,也学会接受别人给予的安慰。

走出混乱

当混乱发生时,生活变得支离破碎,平日所依赖的每件事都变得不确定,过去让我们感觉安全稳定的所有依附都变得可疑。当安全感是建立在对身外之物的依赖时,每当遇到痛苦,我们很容易感到所依赖的整个系统都在崩塌。当不幸发生时,我们最常问的是,为什么这会发生在我身上?殊不知,同样的事情对每个人而言都有可能发生。混乱虽然摧毁了旧生活,却也给了我们一个重新建立自我的机会。

暂时的无根基和长时间处于混乱之中是不同的。假如生活轨迹的变化让我们长期处于混乱之中,一定要理解这是一个除旧迎新的过程。当生活结构发生巨变的时候，务必为自己建立起一个强大的支持系统，特别要注重精神方面的修行。支持系统包括：寻求心理咨询、学习和练习瑜伽、联系疗愈师帮助自己、在疗愈书籍的指导下进行自我疗愈、加入类似个体组成的群体、研习精神疗愈和自我成长方面的知识等。建立这种结构性的支持系统可以让我们强健身体的能量中柱，构建一个自我保护和自我修复的系统。

如果人一直无法走入精神的隐秘之处，找到和自我精神的联系，生活中混乱的状态将会不断地创造伤害。这些不断的伤害最终会带来彻底的垮塌或者改变，这完全取决于自我的认知如何。当我们学会向内看的时候，我们直面心中压抑的情绪和能量，不会逃避。因为逃避的结果是能量阻塞于心中得不到排解，会让我们挣扎在混乱中无法自拔。我们面对的选择是：要么每天生活在创伤中；要么战胜自我，获得疗愈。

处于迷茫困顿之中时，你可以试一试以下方法：

1. 坐下。

2. 如果你感到内心不稳定或过于情绪化，不急于做任何决定，保持耐心。

3. 放松，让思绪自由飘动，不追求答案。

4. 关注呼吸。

5. 有信念。

6. 如果必须做决定，就做一个决定。如果不清楚该做什么选择，那就依靠直觉，不过于思考。

7. 大声说出有正能量的话，改变周围的能量场。

8. 学习冥想

虽然生活支离破碎，没有任何人可以帮助你，你很疲惫，但你依然有足够的力量安静地坐着。试一试这种打坐的方式吧：

走过来，脱下鞋，安静地坐好。想象一个小一号的你走进心的殿堂中，关上殿堂的门。深呼吸。你在这完全属于自我的安全的空间里了，没有其他人。没有任何事情。安静地坐好。让呼吸慢下来。让意识安静下来，让呼吸声成为这里最大的声音。听听你自己的心在说什么。不动。保持呼吸。如果你想哭你就哭。感觉有一束光像瀑布一样从头流淌下来。你沐浴在光中。观看情绪开始消融。你并不孤独。你的绝对精神在陪伴着你。在这里你想待多久就待多久。你想说什么都可以。你是安全的。光芒笼罩着你。

帮助你自省的问题

第一步：思考你遇到的混乱是什么？你经历的混乱虽然让你痛苦，但也是你寻求生活目的的必然一步。只有经过这一步，你才更清楚地了解你是谁，你要的生活是什么。把你的思考简单地记录下来，也把你的情绪记录下来。

第二步：从混乱走到清晰。

你是否经历了混乱或者正在经历混乱？

你的混乱是什么样子？

你觉得自己走出混乱了吗？

如果是，你是如何走出混乱的？

你的混乱是在心灵开放之前还是之后？

具体的过程是什么？

在处于混乱的阶段，你用什么方法来帮助自己保持稳定？

你听到过直觉的声音吗？

你听从了它的召唤吗？

经历过的混乱对你是否有帮助？

生活中的什么事会让你觉得混乱？

请给出至少三个例子。如果某些人和事让你觉得混乱，如何去做你会感觉更好？

你对某个人和某件事依然感到愤怒吗？

如果是，是否是这种情绪造成你感觉的混乱呢？

你愿意宽恕你自己或别人吗？

你允许自己感受自己的情绪吗？

如果不，问问自己为什么？

你能否想到你现在需要的几种情绪？把它们写下来。

你允许自己有这些情绪吗？

在你的生活中，你是否自己在无意之间造成混乱？

请思考你的快乐是从何而来，接受它。请问自己，这种快乐满足的情绪是正面的，还是负面的？

你是否经历过某些恍然大悟的时刻？

在你安静坐下，缓慢呼吸，和自己对话的时候，你能听到自己在说什么吗？

第 5 章　混乱

第6章 疗愈

> 灵魂永远知道如何疗愈自己，挑战是如何让意识安静下来。
>
> ——凯洛琳·梅斯（Caroline Myss）

很多人在用到疗愈这个词的时候非常谨慎，因为疗愈在一定程度上隐含了治愈的意思。如果宣称疾病可以被无法用科学解释的方式治愈，医疗界的人士会感到非常警惕。需要澄清的是，当我说到疗愈的时候，我指的是通过精神修行等辅助手段帮助人们达到更好的生活状态。通过我的经验和无数实践中的案例来看，改变精神状态能够促进身体疾病治愈。

在我作为能量疗愈师的生涯中，我看到很多人通过精神疗愈的方式抚平了内心的伤痛，生理上的健康问题得到了解决和缓解，生活状态变得充满生机。当他们的能量体变得坚固通畅时，无论外部环境如何，他们总是有足够的力量去处理一切，无论好的或坏的。就好像一个完全健康的机体，本身就能够处理侵入的垃圾，保持自我的清洁和健康。

从完全没有信仰，内心迷惘变成充满精神力量，让自己的生活质量得到升华，这是疗愈；通过努力减肥，使自己的身体变得更好，这是疗愈；敞开心灵感受生命的快乐，不再被记忆中的旧伤困扰，这也是疗愈。

当我意识到人类本身拥有的强大的直觉可以观察身体能量的时候，我知道我们可以通过自身的学习来帮助自己。直觉能够提供给我们诸多信息，我们在琐碎的日常生活中忽略了它。当我们生命启程的那一刻，我们便开始面对外部无穷无尽的信息轰炸，我们还没有来得及去学会辨析和分解，就被淹没在世俗社会的洪流里，仅仅为了肉体生存而挣扎。无论贫穷还是富裕，绝大部分的人在无聊的幻象之中昏昏沉沉度过了一生，活着就是为了维持肉体感受。更好的工作、更多的金钱、更高的地位、更美味的食物、更华丽的服饰、更美丽的伴侣、更奢侈的享受……你会发现，贫穷的人和富裕的人所追逐的东西从根本上没有什么区别，都是同一个类别，人们在这种追逐之中神魂颠倒，不断受伤。肉体上的伤害是可控的，而精神上的伤害是持续的。试想一下，你有一条手臂坏了，最坏的结果你可以放弃它戴上假肢。而你精神上的伤痛呢？你该如何去切割和替代？精神疾病无法用别的"模拟""仿真"来置换和医疗，即使目前有很多药品能够让我们感觉良好，但其效果，远不如我们自身产生的疗愈更好，它们还具有危险的依赖性。

第6章 疗愈

疗愈是不是从头到尾都是正面的经历？从结果上看，答案是肯定的，疗愈确实可以让一个人脱胎换骨。但事实上，疗愈是一个旅程，其过程可能充满了嘈杂、挑战、痛苦。往往它会先把你带入一个黑暗的隧道，在很长一段时间内你都看不到隧道外部的光明。在这至暗的时刻，疼痛和疗愈往往相伴而行。

精神上的疗愈会持续一生。我们不断面对新的伤痛，不断自我恢复，在这个过程中渐渐强健。如果你下定决心成长，疗愈便会更近一步。不经过疗愈，灵魂便不能进化成长，负荷越来越重，伤痛都由我们自己造成。

混乱和疗愈使伤痛浮出水面，让我们有机会处理解决它。混乱带来各种情绪波动，并暴露出深层的伤痛。认识到自己受伤而不去追求疗愈，本身就是混乱。只有在希望改变、有意愿追求更好生活的时候，疗愈才可能发生。如果我问你：你希望健康和快乐吗？你的回答几乎一定是：当然。而让人吃惊的是，在现实生活中，我们因为对伤痛的状态习以为常，根本无法感受到快乐，然后我们做了很多事情让自己远离快乐。一个明显的例子就是，当一个人因为受到他人的冷落忽视而酗酒，然后他便习惯用酒精来填补内心的深度空虚，这样的习惯让他更加孤独。他忘记了最初的原因和需求，而与自己的真实需要背道而驰。

疗愈是自己承担改变自己的过程。为了实现疗愈，你必须学习认识精神、情绪、人体能量对肉体和生活的真实影响，有勇气面对一个并不完美的自己，接受自我的缺陷。接受所有痛苦的经历和不良情绪带给你的现实。放下恐惧，坦然直面，追求改变。

拓展你的心：精神觉醒的四个阶段

疗愈是一个渐进的过程，罗马不是一夜建成的，即使两个人面临同样的问题，他们进步的速度也不会相同。每个个体都有独特性，记住这句话：世界那么大，只有一个我。

需要指出的是，无论一个人的生活如何困难并充满挑战，灵魂都有能力疗愈并改变它。好消息是我们不需要像对待肉体那样对待我们的内心创伤：即使它崩溃到了极其严重的程度，我们也无须做任何类似"截肢"的手术。精神本身具有能量来愈合它。学会清除内在的阻塞，清理陈旧、黑暗、负面、狭隘的能量垃圾，创造空间让光明、平和、爱的能量进入，疗愈便会自然而然地发生。

人的一生会不断面临挑战，当我们学会更从容地去处理问题时，疗愈会来得更快。而随着疗愈的开启，精神力量会不断加强，形成正反馈，让我们处理各种问题时更加得心应手。从直觉能量的观点来看，疗愈是认知自我的过程，它会为你带来满足感。

精神疗愈会辅助身体疗愈。翠西·麦克斯韦（Tracy Maxwell）是畅销书《单身并且罹癌：一个幸存者对生活、爱、健康和快乐的指导》的作者，她曾在电视台凯蒂·科瑞奇（Katie Couric）节目和美国国内许多演讲中谈到自己的故事。

在下文中，她从四阶段论的观点讨论了她疗愈的过程。

翠西的故事

当从医生的口中得到我患癌的消息时，我并没有预计到患病本身会让我对整个生活产生新的认知。最初的感觉只有恐惧。我接受手术，看着各种药物不断地注射到我的血管中，我失落、愤怒、焦虑，我想我可能再也看不到科罗拉多壮美的山脉和惊人的自然景观，也不能再继续做我热爱的导游工作。我愤怒自己需要忍受各种各样的治疗手段，我害怕失去生命，我情绪紧张，言语充满了攻击性。我处于一种精神错乱的状态，反复手术，两次癌症复发，做大量的阅读和研究以寻求新的治疗方案，夫妻关系、我的事业、经济状况等都受到极大的影响。

当我似乎每天都在面对死亡的时候，我不得不开始考虑生命的意义。我追溯过往，审视自己的生活，我发现，癌症不过是内在更大问题的一个表象，更深层的问题在于我一直以来的精神和情绪上，它们影响了我的生活方式、行为模式，而当身体内积累了太多的垃圾和负能量时，出现癌症几乎是合理的现象。

我曾经认为自己的价值建立在自己可以付出什么。正因如此，多年以来我不断付出，透支着自己，我羞于索取。我为家庭、公司、身边的人不断付出，即使很多时候我一无所有，精疲力尽，我从未想过寻求支援和帮助。在我过去的观念里，需求帮助就意味着成为别人的负担。

现在我得了癌症。我真的想要得到帮助来让我摆脱病痛，获得痊愈。改变惯有的行为模式和思维模式非常艰难，我几乎是在窒息中向家人和朋友说出我的第一句："请帮帮我"。我第一次承认自己的软弱，袒露自己的无助。我第一次告诉自己：你就是太累了，只是你从来不承认。现在，放下过去那个硬撑着的自己，看看会发生什么？在朋友和家人的帮助下，我开始创建并运营一个非盈利组织，我得到了很多过去自己没有感受过的东西：情感上的支持，别人的照顾，捐款，义务开车接送我，许多的卡片，信件，各种礼物……对我来说，看到自己得到的比付出的多依然是件很不容易的事情，我开始学会接受，学会放下过去伪装的那个"无所不能"的自己，学会享受被照顾和被支持，我的情绪变得温和，精神也不再总是紧绷。我意识到，付出和接受付出都是有价值的，付出的定义也不只是狭隘的指标要求，个人价值的定义不是单调的，它有深刻的含义。

我开始关注长久的精神压力给身体造成的影响，我和许许多多的人交流，对比自己过去的生活模式和现在的状态。我学习冥想，训练呼吸，关注精神和心理的清洁轻松。一个很显然的事实是，当我开始这么做，虽然癌症并没有完全消失，但我再也没有接受更多的手术治疗，我的医生对我的状态感到惊奇。他说，即使它没有彻底消失，可是如果它不对你的肌体产生任何负面影响，那何必在乎它呢？

我出版了一本畅销书《单身并且罹癌：一个幸存者对生活、爱、健康和快乐的指导》，我通过演讲、培训、举办静修等方式帮助其他人发现问题，找到解决方法。精神能量的力量是惊人的，它彻底改变了我，也让我对生命有了更深刻的认识。

翠西的故事告诉我们，当身体发生严重疾病时，除了积极治疗，我们还需要审视自己的思想、感情和行为模式。翠西并不否认疾病的治疗需要依赖医疗手段，但精神疗愈作为辅助手段可以让患者受益匪浅。一旦像癌症这样的疾病出现，可能会有不同的方法来帮助改变体内的细胞。在这个案例中，精神状态的转变改变了癌症的结果，不但控制住了身体的疾病，也获得了精神的成长。

这其实可以从查克拉的能量理论中找到依据。从瑜伽学的观点来看，对于每种疾病，身体上都有一个对应的能量部位，学习通过精神方法来调用这些能量，会给机体带来改变，病痛就会缓解或者消失了。

为什么要疗愈

"为什么要疗愈？"这是一个基础性的问题。回答这个问题之前，不妨先想想我们的生命从何而来？为何而在？归往何地？你是否认为死亡意味着完全的消失？人们观察到一个神奇的现象，在我们这个蓝色星球上的不同时代、不同文化、不同种族的不同信仰里，都包含有同样的东西，那就是爱和宽恕。爱究竟是什么呢？我们很难把它具体化。宽恕是什么呢？我们也很难直接触摸到它，但毫无疑问，它们存在于我们的生命里，每个人都无法否认它的存在。再想想，我们的精神到底是什么？有一场宇航员和医生的对话：

宇航员："这个世界上根本没有上帝，我去过地球外面，那里根本没有上帝。"

医生："嗯，是的，我给那么多人做过开颅手术，我也从来没有见过一个思想。"

没有人会否认自己拥有一个心灵或者灵魂，它就在我们的生命里，它就是我们自己。而作为与生俱来的本能，我们向往爱、向往安全、向往健康，类似这些东西会让我们感觉舒适和幸福。这种无形的意识就像一个方向、一种指导，如果违背它，我们的身体和生活就会发生各种故障，遭遇各种问题，我们会感觉痛苦。

所以，我们可以说，疗愈是一种本能。我们可以从我们的身体上观察到这种本能。我们的免疫系统、伤口愈合的过程，都在告诉我们这种本能存在。可以这样理解我们身体的能量中心，它就像是精神的免疫系统，我们要做的，就是学习强健和使用我们的免疫系统来帮助我们自己，让我们健康生活下去。

满足并不能让我们进步，只有碰壁和挑战时才有成长的机会。生活中的各种遭遇会给我们疗愈过去伤痛的机会，并由此挖掘出我们生命中的全部潜力。因为对此了解的程度不同，不是每个人都可以在生活中完全实现自己的潜力。如果一个人并没有意识到自己在过去所受的伤，那他自然不会意识到自己需要疗愈。一个人的潜力是由意识度决定的，不是每个人都能意识到生命本质中所蕴含的能量。有一些人生活在苦难中，也把痛苦投射到周围人的身上。心理学里有一种人格分类叫"反社会人格"，那些连环杀手、食人魔、或其他恶性犯罪的人往往具有这种人格特征。但这并不是说这些罪犯不能感受人性的善良和爱，只是某些不为人知的伤害影响到了他的内心,甚至严重到他自己如果不能按照黑暗能量的指示去做,他就会茫然无措。这并非给他们的行为寻找理由,但是多年的工作经验告诉我,如果这类人不首先进行精神层面的疗愈,几乎不可能通过心理辅导解决问题。大量的事实也验证了这一点,几乎没有具有"反社会人格"的罪犯通过心理辅导改变自己的邪恶欲望。难道我们就此把他们扔进"反社会人格"的笼子里撒手不管,限制他们的自由并远离他们,这样就安全了吗?这根本就没有解决问题,只是把问题放在了一边。

每个人在生活的某个节点都会感到愤怒、暴力、孤独、绝望、无助、或者自责,这些情绪会促使我们想要通过行动来满足自己。及时处理情绪是一种方法,它能帮助人们去转化能量,转变内心的黑暗。

消减黑暗,容纳光
寻找真实
感受爱和美好
清理痛苦和折磨

疗愈是通过自身能量振动完成的,精神指导我们如何使用这些能量。能量振动的频率有高有低,低频率的振动预示着愤怒、恐惧、贪婪,高频率的振动会带来平和、慷慨和欢乐。在生活中,我们每时每刻都携带着各式各样的情绪,而疗愈可以让我们的能量体处在高频状态,从而感受到良好的情绪。

我们经常会被负面的想法困扰。当负面的想法成为每天思考问题的常态，我们甚至不再意识到它是一种痛苦。譬如说，你一直在想"今天要做的事太多了，根本不可能完成"，这个想法就会给能量弦带来不良的附着物，当这种想法成为思维常态时，附着物增多，能量频率降低，心中的空间便减少了。如果你每天都感觉这样，你应该分析为什么要在一天中安排这么多的事，你应该改一下你的日程表，把一些事交给别人做，或者考虑一下放弃某些事情。我们通常的理由是"我不能改日程，否则别人会失望的""如果我不去做，那就什么事都完成不了"或"我无法改变，这不是我给自己安排的"。而实际上，这是你受伤的自尊在告诉你别人的需求比自己的需求更重要。

人性本质上是追求幸福的。但是，自己给自己施加的惩罚让我们失去了发现内在快乐的能力。疗愈的要求是，当我们处于负面想法或负面情绪引来的低频状态时，我们必须格外警惕。低频状态代表着在深层次我们没有得到自己需要的东西，我们往往为了应付这种频率带来的情绪而忽略了真实的状况。

当你倾听自己的直觉并找到深层的需求，你的频率就会开始改变。倾听自己需要修习。如果你刚刚开始寻求倾听直觉的声音，需要修习一段时间后，才可能把这种倾听变成意识中自然的一部分。大部分时候，人们总是希冀从他人那里得到心理上的满足，而当别人无法满足时，他们便会感到失望。从现在起，学会倾听自己，试着询问自己的身体、意识和灵魂，你需要的到底是什么。在改变振动频率的过程中，这种不向外求的态度会让你更加了解

第6章 疗愈

自己的需要。

提升身体能量的振动频率需要一个过程。正如过去讨论的，如果我们担当起感知自己情绪的责任，我们就可以把情绪从阴影中移开。把情绪从阴影中移出是一种自我清洁的过程，这是精神成长的一部分。

疗愈可以拓展我们的灵魂，让自我的意识更加清醒敏锐，让我们的精神得以生长。精神的生长可以改变生活状态、恋爱关系、肉体习惯，让我们有机会感受与生俱来的生命能量。

练习改变振动频率

学习呼吸是一种基本的方法。不要以为我们每个人都在呼吸空气就代表我们了解呼吸这个行为，呼吸是很奇妙的行为，不同情绪状态下的呼吸是完全不同的。

首先学会缓慢呼吸，调整呼吸的速度，然后闭上眼睛感受呼吸。

闭上眼睛。想象装载着你的痛苦的货柜被放在一条拖船之上，随流漂向大海（或者想象你把装载着痛苦的包裹扔下悬崖）。接着请想象你的身体在腰部被分为南北半球，南半球集中了恐惧、不满、愤恨和憎恶的岛屿，把它们在想象中变成螺旋体。北半球充满了爱、快乐、慷慨、善良和明亮。感觉地上的脚。想象螺旋体从体内流出，沿着一条通道滑落到地球的中心。在想象的过程中保持均匀缓慢的深呼吸。接着想象明亮的光线渐渐填充螺旋体离开后的空间，身体发出光芒。

回想那些你认识的人。那些你爱的人、你讨厌的人、你无所谓的人……这些所有的人构建了你的生活环境。只是沐浴在光芒里想想他们，保持均匀呼吸。不去思考，不去定义，不去评断，闭着眼睛，呼吸。

如何疗愈

疗愈可以通过不同的方式发生。因为精神和能量疗愈是我的专长，我将在这个领域向你提供更多的信息，而通常人们认为心理咨询是一种方式。我认为心理咨询和心理治疗手段是有价值的，传统的心理咨询和能量疗愈方法在功效上各有千秋，但似乎精神和能量疗愈能够直接影响到心理状况，而心理咨询和心理辅导的效果往往停留在表层。

一般情况下，在传统的心理咨询中你会与一位有执业资格的咨询师谈论个人问题、生活挑战、家庭问题或其他的症状。这种方式是通过谈论发现你的历史经历在心理伤痕中的角色，并找到处理的办法。对某些人来讲，谈论本身就有让他们心理舒缓的功效。通过向一位好的倾听者开诚布公地讲述过去，往往会得到精神上的慰藉。在谈论的过程中，你可能会发现很多过去不曾意识到的视角。一个好的咨询师可以帮助你从单一的角度走出，提供给你处理自己感情的工具。如果一个人从来没有打开过审视过去的门，那寻找心理咨询师是一个很好的选择。家庭历史造就了家庭结构和过去的经历，从不同角度来了解原生家庭的历史可能会让你茅塞顿开，理解为什么经历的那些事会发生。这很有意义。

传统的心理咨询一般来说并不讨论精神层面的问题。但是目前，有很多心理咨询师会花时间去研究或学习有关打坐、冥想、能量疗愈或精神修行方面的知识。多莉博士是哈特福德家庭学院的一名心理咨询师和项目主任，该学院提供情感和精神疗愈方面的培训。她通过结合传统心理咨询、精神疗愈和冥想打坐，帮助很多人实现了人生的改变。在对她的访谈中，她介绍了她的个人经历与疗愈四阶段的关系。

多莉博士的看法

虽然我是一名资深的心理咨询师，我也会遇到各种各样的心理障碍和问题。以往我采用自己所掌握的心理治疗手段来帮助自己，但很多时候我发现，这些方式往往并不能从根本上解决问题。它们就像一种药物，对有些人有效，对有些人无效。即使对那些有效的人而言，其效果也不是永久的，它的局限性非常明显。而在亲自体验过精神能量疗法之后，我突然意识到精神能量疗法相对于心理咨询的柔软和包容性。首先打开和激活自身的能量，让自我的精神处在一个和谐通畅的状态，随后的心理辅导效果会非常明显。而仅仅靠心理咨询和辅导并不能完全调整一个人的精神状态，也许这正是很多人在接受多年心理咨询之后依然选择自杀的原因——内在的阴暗能量没有消除，仅仅是被压制管理住了，我们需要创造一个更柔软和深入的体系，与自我精神建立起亲密关系，而不是和心理咨询师。和心理咨询师的亲密关系更像是一种依赖，这种依赖是脆弱的。而一旦人和自我建立起良好的关系，完整的疗愈和脱胎换骨才会真的发生。人们一旦打开精神的通道，疗愈就成为生命自我修复中很自然的一部分。

精神疗愈或能量疗愈

当我们讨论精神或能量层面的疗愈过程时，灵魂疗愈、精神疗愈、能量疗愈这些词实际上是同一个意思。当你从身体上升到精神，去感受内心的呼唤时，你会发现能量疗愈正是你所需要的。首先要了解身体中存储的能量，了解瑜伽中查克拉的概念，了解查克拉能量点的分布。了解这些概念可以帮助我们找到相应的身体部位，去练习排解那些凝滞超载的负能量。

疗愈师可以指导你排解和清理体内的能量障碍。当你把认知、目标和呼吸对准某个能量障碍的时候，这个障碍就会被清理。依靠自己精神的力量而不去试图用推理的方式来疗愈，这是一个重要的思想跨越。精神的疗愈不依靠意识，你需要的是倾听自己的心，同时重要的一点是保持信念。回想一下宇航员和医生的对话吧，你无法否认自己拥有思想，对不对？所以，相信它，找到信任。

相信你的精神。相信你的灵魂。相信你的内心。相信你自己。失去所有又如何呢？你还有自己。轻松点，没有人能够控制外在的所有，每个人能够真正控制的，只有自己。

在查克拉的理念中，人体的能量从尾骨到头顶排列于身体中轴，由下而上分别对应彩虹的七种色彩。我们知道色彩实际上来自于光的解析，所以在精神疗愈中会经常提到"光"。光是一种神奇的物质，现代科学也未能准确解释它的行为方式，如光的波粒二象性、光的起源等。但光具有能量这一点却是毋庸置疑的。

精神疗愈需要：
勇气
放弃追寻伤痛背后的原因
相信自己拥有能量的信念
通过一些方法培养直觉，建立和精神的联系

帮助我们的问题

第一步：和自己说一说或者记录下你如何一边处理混乱，一边采取行动的过程。如果你仍然可以感受某种情绪，承认这种情绪。

第二步：思考下面的问题。

你是否追求疗愈？

你试过什么疗愈的方法？

你想尝试什么新的方法？

你是否在倾听自己，知道自己需要的是什么？

你是否在感受自己的情绪，并不因为有这些情绪而认为自己有错？

疗愈指导

> 面对你不好的一面——愤怒、孤独、贪婪、恐惧、抑郁、纠结——是你能找到的最好的净化之火。当你和精神的联系加深时，你或许会选择让你的情绪浮出表面，这样你就可以面对它们，并让自己不再被困扰……它们将不再主导你。你让火更炙热，你让与它们的碰撞更激烈……为了让生活更晴朗，你必须竭尽全力烧掉自我对你意识的操控。
>
> ——拉姆·达斯（Ram Dass）

前面我们谈论了关于疗愈的内容，现在，让我们想想有什么工具可以帮助我们走过混乱和疗愈的阶段。在下文中我将讨论身体、意识、精神三个层面的疗愈，并提供对应的疗愈方法。

一、身体疗愈

疗愈涉及身体、意识和精神三个层面。如果一个人没有照顾好自己的身体，那就会影响他的感受，进而触动深层的陈旧情绪。当我们的身体感觉不舒服并情绪化的时候，便无法正常地和自己的精神沟通。

如果要实现真正的疗愈和个人精神层面的成长，必须注重饮食管理，爱护自己的身体。我不是一个饮食专家或营养师，但是我还是建议在生活中尽量选择健康食品。现在，关于食品和营养的信息非常多，只要用心去搜索和整理，就可以找到适合自己的方案。当代人的饮食中充斥着各式各样饱含添加剂的食物，尽量选择那些轻度加工的食材。

另外，通过冥想、呼吸调理、瑜伽等方法，可以让体内的能量更通畅。瑜伽是调节身体、意识和精神平衡的最佳选择。我研习过各类风格的瑜伽术，对于那些希望精神成长和提高身体健康水平的人，我强烈推荐瑜伽。同时要认识到一点，瑜伽动作只是瑜伽的一部分。

在瑜伽的哲学里，呼吸调理是至关重要的部分。默念和大声吟唱也能够帮助清除体内的能量障碍。但这并非一个快速的过程，伟大的阿斯汤加瑜伽师帕塔比·乔伊斯（Pattabhi Jois）曾说过："耐心点，所有的东西都会到来"。

瑜伽的另一个核心是"和谐"，它指的是身体与绝对精神达到和谐。瑜伽的方式可以是走路、骑车、跑步、力量练习、游泳，或者是其他任何类型的运动。无论采取何种锻炼方式，只要它能够让人感觉精神集中和感觉身体通透，就可以认为这是某个层面的瑜伽。所以，观察一下你的运动是否让你感觉压力更大、更焦虑，还是让你感觉放松或在其中心无杂念。

在疗愈之初，思考以下这些问题：

1. 我是否需要通过运动转移一些能量？
2. 我是否感到身体中有毒性，腹胀，不舒服，总是感觉病了？
3. 我的意识是不是太活跃了，以至于我无法安静地坐着，或者晚上不能睡整觉？

4. 我是不是忘了自己其实一直在不断呼吸？

5. 我的身体需要什么？

在疗愈的开始阶段，人有时候会感觉无所依托，不时思考一下这些问题可以帮助我们专注，并想办法让自己的身体处在一个舒适的状态，这是清理和释放不良情绪的基础。

二、意识和情绪层面的疗愈

意识和思维相关联。我们的思维来自感觉、情绪和认知系统，长期养成的情绪和认知一直在影响着我们的生活，处理内心深层的情绪和认知对我们的精神健康非常重要。

认知和情绪存储在身体的什么地方？是否都存在我们的大脑里？只有一部分是的，还有一部分是存储在我们的能量系统中。我们的身体之内有一套能量系统，就是瑜伽中所说的查克拉，认知和情绪也存储于查克拉能量体的各个点。

在疗愈的阶段我们会发现，让我们痛苦的实际上并不是别人做了什么或者我们自己做了什么，让我们痛苦的根本是情绪、预期、认知、自我意识。我们感受最强烈的情绪往往来自早期的生活，一种简单的方法就是处理这些影响生活的情绪。了解恐惧如何影响我们在生活中的选择，分析恐惧的信念是如何来到生活中的，如何导致过去某些让我们遗憾的作为。通过处理恐惧和它对我们生活的影响，这些遗憾可以被逐渐排解。

下文通过精神能量的视角来解释一些主要的情绪,以及如何调整伴随着这些情绪的能量。

【恐惧】

恐惧的表现有以下几种:

- 担心缺少
- 担心被抛弃
- 感觉不安全
- 占有欲
- 逃避一个人独处
- 逃避社交
- 没有信任感
- 防卫心理
- 过度保护

恐惧在身体的几个区域被感受:第一查克拉(海底轮)和第三查克拉(太阳神丛脉轮)。在这两个区域,恐惧是这样产生的:

第一查克拉代表着对土元素的信任。土元素蕴含着这些意义:根基,与家庭、社会、食物、安全、富足的联系,相信大地会给予支撑,对身体和大地的信念。如果我们感到内心有安全感和信任,那是因为内在的精神信心。而如果童年中有很多恐惧的情绪未被排解,那恐惧就在我们的意识中打下烙印,成为精神"操作系统"的一部分,这意味着无论我们做什么事都会从恐惧的角度出发而并不自知,成为一种自然反应。而且随着这种情绪成为常态,它会在我们一生的家庭生活和亲密关系里被复制。

恐惧是人类固有的情绪之一，它进入我们体内的主要方式是通过潜意识。恐惧随着我们出生时脱离源头（母体，或出生前的生命状态）进入我们的意识。当我们脱离源头，以一种非常脆弱的状态（婴儿）出生时，恐惧就产生了。脆弱导致恐惧。

在整个婴幼儿期，人都有各种生存需求，如果需求没有被满足，或者被虐待，缺乏安全感的情绪就会产生。有的人从小就生活在爱和关怀之中，但是他们依然会有恐惧的情绪，这主要来自对分离和失去的恐惧。这个世界上很少有人能够做到彻底独自生活，完全剥离家庭、社会和各种欲望，就是因为这种内在的恐惧。

恐惧的根源实际上来自对死亡的逃避。人类所有的欲望和执着本质上都是在回避着不去直面死亡，如果我们能够真正坦然从容地面对死亡，对死亡的不可避免持有温和的态度，潜意识中的恐惧就会消减很多。沿着这个问题思考下去，我们就会发现，因为我们对"生"的不了解，所以对"死"抱有深深的恐惧。简单地说，"生"最基础的动作就是呼吸。在人生旅途中，我们最容易忘记的一件事情就是自己在呼吸。太多的东西在生活中涌现，我们沉浸在许许多多的事件之中，忽略了呼吸是这一切的基础。各式各样的情绪影响着我们的呼吸方式，我们在每一种情绪中的呼吸都是不同的。

在许多修习方法中，呼吸调理都是重要的一环。通过省视呼吸、调整呼吸的方式，可以调动生命中原本存在的力量和能量，让能量循环，让身体各部位的器官产生和谐。

本能的力量存储在第三查克拉里。它告知我们生命本身的力量，让我们对自己有信心。如果这一部分的能量僵硬闭塞，人性中的不安全感就会产生。在这时候，意识中受伤的自尊就会占据主导地位，我们会产生自责和怯懦的情绪，表现为畏惧、不敢采取行动、没有自信、无法去爱等。

第一查克拉和第三查克拉的能量失衡直接影响我们的精神状态。第一查克拉是生命能量的根基，你可以把它想象为引力。根基强壮健康，生命体就会感觉平衡安详。如果查克拉中充满恐惧，能量就会被障碍反弹回来，导致我们失去平衡。当第一查克拉失去平衡，第三查克拉的能量就会受到影响发出类似"弦"的振动，这些"弦"会试图接近某些类型的人和事物，以此寻求安全感。这种盲目的吸引和追求导致了我们总是会遇到某一种特定类型的人与事，它们造成了生活中的现实际遇。

在疗愈中，我们会让自己的第一查克拉拥有强健根基，让第三查克拉保持放松。视觉化的方法会协助我们实现这一点，从而帮助我们在处理现实生活的各种关系时处于自然和健康的状态。

当我们做好准备时，心会对自己说是。而有多少次，恐惧阻止了我们做自己想要的事情。恐惧让我们害怕说出自己的想法，认为自己不想伤害别人的感情，所以压制自己的内心。只有勇于接近内心的恐惧，才有可能最终克服它，改变才可能发生。如果我们给自己勇气，生活就有无限的可能性。如果我们已经学会处理它的方法，我们也不再恐惧新的恐惧来临，我们的精神知道如何应对。

这个过程类似于在瑜伽中练习一个困难的动作：深呼吸，坚持一段时间，放松，做一个相反的动作，然后再做刚才那个困难的动作，我们会把这个困难的动作做得更好——身体会记住它要回到的状态。

恐惧的情绪是一个警示信号，它让我们判断自己内在的不安感处于何方。征服恐惧可以为我们带来显著的成长。征服恐惧意味着我们和自己建立起了亲密的信任关系，从最基础的地方开始调用和整理自体健康的能量系统。系统一旦启动，我们便走上愈合的道路。

如何处理我们内在的恐惧呢？以下是从能量疗愈的角度给出的建议：

第1步：反思

首先，想一想你处理恐惧和对恐惧反应的模式。告诉自己恐惧是一种自然的情绪，把恐惧从身体中完全根除是不现实的，学习在恐惧产生时如何管理它是一个更现实的目标。想一想你有恐惧的感觉时，会在生活中做什么决定或采取什么行动，理解和谅解自己的所作所为。保持诚实，了解自己生活中都有哪些恐惧：

- 拒绝和别人接近，因为不想被伤害
- 习惯于把问题归咎于别人
- 害怕单独做一件事
- 永远不会去做冒险的事（即使是件正面的事）
- 自我隔离
- 让很多负能量充斥于自己的生活，因为不想面对自己某些方面

- 认为自己不能成功
- 习惯于被社会规则、习俗、外界的看法禁锢
- 恐惧爱：感受不到爱，也没有勇气真正爱另外一个人，不信任亲密关系
- 缺乏同理心
- 恐惧未知
- 不能掌控某种情况、某个人、某件事时，会感觉焦虑、愤怒

……想一想生活中还有什么其他的恐惧。

第2步：呼吸

想一想恐惧存在于身体的哪个部位。我们只要活着就会自动地呼吸，而当我们有目的地把呼吸对准身体中的某些部位，呼吸就会成为疗愈的工具。对着身体中存储这些情绪的部位呼吸。想象身体中的器官、细胞，或者手、脚、皮肤等。对着恐惧呼吸。对着一切和恐惧关联的画面、语言呼吸。不去评判这些画面、语言或你自己，只需坐直并观察呼吸，不受干扰，不被思绪干扰。专注自己的呼吸，没有别的。当念头出现，回到呼吸上来。

第3步：可视化

可视化可以帮助你清除恐惧。在头脑中构建几个代表你的恐惧的图像。问一下自己：这些图像都是些什么？有什么一致性？它们是什么颜色？然后想一想可以怎么做。比如，你的图像是一把火，想想对于这把火，需要做什么可以消除它？

如果恐惧的感觉过于强大，以至于让你感到无法集中注意力，

可以试着闭上眼睛,想象自己沐浴在温暖的阳光里,调整呼吸放松自己的身体,不去执着于考虑恐惧,把自己的感觉放在光亮的阳光里。

第 4 步:采访恐惧

了解情绪产生的历史是解决它的一个方法,这种方法在心理学上被经常使用。在疗愈的过程中,了解也是很重要的一步,但并不是必须的。从精神疗愈的角度来看,了解源头在某种情况下确实有所助益,但在某些情况里,鼓励了解它的来源会带来重复的问题和更深的伤害。所以,不强求方法,做到理解它的存在也是一种途径。把它作为一个采访的对象来看待,不去苛求被采访者告诉你所有,也不去苛求被采访者按照你的要求去做,在某种程度上放弃对它的解释。你可以问它从何开始?从何而来?何时离开?不纠结答案的准确性,甚至不去追求答案,把它放在你的面前,面对它聊一聊就好。

第 5 步:放下

我们听到过许多关于"放下"的说法,告诉我们放下过去放下现在向前走。确实,放下所有的负重轻装前行非常美妙,但如何"放下",却并不像语言说的那么简单轻巧。很多人嘴上说已经放下了,很多时候我们脱离了事件的影响,以为自己已经放下了,但往往在不经意的时刻,旧日的感觉和情绪又重新涌上心头。试着给它们建立一个精神能量层面的出口吧,通过调理,让它们从我们的精神系统里面排泄出去。这种非直观的方法需要琢磨和练习,看看这几个基础概念和方法:

➤ 根基弦：第一查克拉（海底轮），呼吸，感受它们通过根基弦从身体流出，进入大地

➤ 顶轮：第七查克拉（头冠），在头顶打开一条通道，让它们从头顶排向空中

➤ 光泡：容纳和承载能量移动，想象你面前有一个发光的泡泡，把它们放进去，用你的意念让光泡飘走

➤ 发散：把能量向身体的各个方向释放

➤ 发声：呼喊、和自己或别人谈话释放能量

第6步：重新编程

在能量疗愈体系里，恐惧被排解之后，我们就获得了新的空间。对于这些空间，我们需要用新的东西去填充它，如果它们未被填充，会很容易再次被负面的情绪占领。你认为与恐惧对立的情绪是什么呢？每个人都有自己的答案，用自己的答案去填充它。了解自己最需要的是什么，无论是"我可以爱"，是"我很强大"，还是某种新的信念，是你所渴望的生活的颜色，一幅画，一首诗，还是一段名言，一支歌，只要你觉得它们代表你精神的力量，就可以使用它。

第7步：行动

恐惧在身体里占据了很长时间，现在它被排解掉了，我们就要有意识地使用补充的新能量来影响我们的生活。我们该如何行动？请记录你的计划并付诸实施。此刻，我们的意识已经认知到曾经的迷途和困扰，过往的一切都不是负担，而只是一场经历。容纳自己，让改变发生。

【负罪感和羞耻感】

负罪感和羞耻感通常有以下表现：
- 依赖症
- 缺乏正确的自尊
- 消极对抗
- 懒于追求
- 用不正当的方式满足自己
- 无法建立亲密关系

自我意识是我们的一部分，它使我们从情绪上依附于物质世界。我们通过自我意识在社会上展现自己，受到伤害的自我意识时刻在影响我们的生活，也构成了我们意识或潜意识中的想法。

羞耻感和负罪感是自我意识的一部分。也许我们的行为并不具备羞耻和罪恶，但依附于我们经历上的自我意识却经常把它们带入我们的意识里，它们造成我们某种行为模式，很多时候我们并不知道也分辨不出我们其实是因为它们而有某些行为或做某种决定。

当我们因为做了某些事或说了某些话而感觉很糟，负罪感便产生了。这是一种想要改正自己的情绪，显示我们想在某种情境中表现不同，它提醒我们过更加诚实的生活。

羞耻感的产生基于我们对生活经验的认知，这种认知来源于我们的群体生活。人类是群居的物种，构建了复杂的社会体系和种种群体思维、行为准则，遵守它们让我们有归属感。如果我们的所作所为或者思想不被这个群体所接受，就会产生羞耻感。这一点在儿童身上表现非常明显。通常儿童为了融入群体，会接受群体的想法并认为一定是正确的，而一旦他没有按照群体的想法去做，羞耻感便会产生。

羞耻感是真实的内在和自我意识之间的冲突，真实的内心是朴素、直接的，而自我意识忙于实现外部世界对我们的期许，因为恐惧，我们误以为那会给自己带来安全。

简单地区分这两种情绪：负罪感是你感觉自己做错了某件事，而羞耻感是你认为自己所做的就是错的。

负罪感和羞耻感是很难消解的情绪。因为有这两种情绪，我们很难听到自己直觉的声音。从能量的角度来看，它们处于低频振动，会给我们带来低落的情绪。

想想它们存在于身体的哪些部位？你或许会觉得它们在身体的多个部位。从查克拉能量分布的角度来看，它们通常存在于第三查克拉（太阳神丛脉轮）里，而不是在第四查克拉（心轮）里，这是因为它们通常会纠缠在一起向下沉，第三查克拉受到这种振动的影响。

某种角度来说，它们所蕴含的负能量是对我们自身能量体的侮辱。当我们强烈要求我们自己的精神和外部环境的信念保持一致时，它们显得尤为沉重。"道德感"是社会赋予我们的观念，它未必适用于我们每个人的内心。在能量疗愈的过程中，我们可以分析和选择过去的观念是否真的适用。负罪感或羞耻感是一种控制我们的方法，冷静地看待它们，我们可以做出自己的选择。

在疗愈的过程之中，你将学习如何改变你与他人的关系。这些关系一直以来受到外部环境和社会的影响，为了被周围的人所接受，我们建立起认为是正确的言行举止体系。请注意，这不是一个狭隘的概念，请从更广泛的视角去思考它。学习如何改变关系中的动态，学习选择靠近自己。

让我们假设这样一个场景：一个小女孩儿，在家庭生活中，人们对她的期许是愉快、友好而安静，她的父母不知道也不喜欢处理她的情绪。所以每次当她想要表达自己的情绪时，她都会被告知这是错误的，并因此受到惩罚。久而久之，她觉得表达自己、让父母生气是错误的。即使自己有什么情绪，也不应该去麻烦父母。这其实是一种伤害。这使得她潜意识里认为没有人愿意倾听或接受她的情绪，导致她会把真实的情绪习惯性地压制起来，包裹起她对自己的爱。然后纵观她的一生，我们会发现，她的很多选择和遭遇都刻有这种伤害的印记，而她从未意识到这对自己的影响，也不会想到人生本来还有许多其他的选择与可能。

负罪感和羞耻感会影响我们的人生，学习如何清理它们会给我们打开新的视界，让我们清醒地了解自己和人生、社会的关系，自己和生命的关系。下来，我们学习如何面对它们，清理你的身体。

第1步：诚实

拥抱自己内心最真实的想法，把这个世界对人的要求放在一边，把外部环境对你的要求放在一边。去感受让你感觉更加自由的东西，仔细思考和审视自己的感觉，剥离所有的准则和概念，只是去体会自己。

第 2 步：反思

想一下负罪感和羞耻感对你生活的影响。为了在人群中生活，为了和家人、朋友、同事友好相处，你是否不得不采用某种观念和行为模式？专注于负罪感和羞耻感，这两个词让你想起什么？接着，审视一下因为负罪感和羞耻感而让你做的一些决定和事情。

我们往往在不经意中持续迎合他人的感受，而忽略了自己内心真实的想法。我们会感觉这是别无选择的，但事实上，任何时刻我们都有选择。比如现在你可以选择审视这些深层次的根源，让自己不再受这些情绪的摆布。

第 3 步：呼吸

在查克拉能量系统里，第二查克拉是调节情绪、感知力和创造力的能量中心。第二查克拉位于骨盆部位，它同时也是性能量和人际关系的能量中心。第二查克拉承载着我们在人际关系中自我定位的信息，也存储着我们在人际关系中的真实情感。负罪感和羞耻感会带来负面的能量影响第二查克拉，严重的时候会导致第二查克拉能量自闭。一旦第二查克拉开始自闭，我们就很难建立自己的情感中心，使得在生活中我们往往把外界的需求置于自我需求之上，感受不到真实的自己，忽略或不重视自己的需要，我们的创造力、感知力和性生活都会受到影响。所以，向着骨盆和尾骨呼吸，释放第二查克拉里盘旋着的负罪感和羞耻感。

像我们在讨论恐惧情绪的章节所描述的，向情绪占据的区域呼吸。想一想你的骨盆、器官、细胞、手脚、皮肤，或身体其他存有情绪的区域，向这些区域呼吸。向负罪感、羞耻感呼吸，向一切相关联的画面、想法、或语言呼吸。不去试图评价它们或你自己，在这些情绪中呼吸，直至这些情绪逐渐消散。

第 4 步：放下

放下过去，放下现在的所有感觉，向前走。让它们从精神能量层面的出口离开，把它们从我们的精神系统里排泄出去。以下的能量口是最好的通道：

➤ 根基弦：第一查克拉（海底轮），呼吸，感受它们通过根基弦从身体流出，进入大地

➤ 顶轮：第七查克拉（头冠），在头顶打开一条通道，让它们从头顶排向空中

➤ 光泡：容纳和承载能量移动，想象你面前有一个发光的泡泡，把它们放进去，用你的意念让光泡飘走

➤ 发散：把能量向身体的各个方向释放

➤ 发声：呼喊、和自己或别人谈话释放能量

第 5 步：和真我建立联系

人体能量体的本质是清洁的，精神的本体洁净无碍，也因此容易受到污染和影响。在我们清理自身负能量的过程中，时刻提醒自己这是一个清洁回归的过程。在这个过程中，我们要认真审思和重新理解它们产生的原因。比如在孩童时期某个让你感觉羞耻的事，而事实上你并没有错。也有很多时候你之所以有负罪感，是因为你希望改正过去的某个错误，但这个更改的行动再一次加重了你的感觉。

第6步：宽恕

宽恕让我们不再被历史监禁。这并不是说伤害过你的人可以不对他们的行为负责，但你不必再让伤害把你囚禁在过去。宽恕可以让身体的能量自由，让痛苦的记忆解毒，使你从冤冤相报的死循环中解脱，不再追究其他人对你"情绪"的责任会帮助你更自由地在生活中前行，某种程度上这不是在宽恕别人而是在宽恕自己。

做到这一点很不容易，首先要容许自己去完全感受自己的情绪，这个过程需要时间。宽恕是我们的绝对精神给我们的神力，它帮助净化和打磨我们的意识，是疗愈的一剂良药。如果你无法做到彻底释怀，那就无法做到宽恕自己。学习和使用宽恕，然后慢慢感受它的力量。

第7步：图像化

处于自己身体的中心是什么感觉呢？闭上眼睛，调整呼吸。想象一个发光的生命体在你的中央。这个发光的生命体就是你自己，你在自己的中心闪耀光芒。你看到第二查克拉了吗？它闪耀着橙色的光芒，它给予我们勇气与力量。

第8步：重新编程

负罪感或羞耻感对立的情绪是什么？你的回答或许和别人的回答不同。在负能量被排解之后，我们拥有了空间容纳新的情绪，用你的回答填满这些空间。了解自己最需要的是什么，无论是"我知道什么才是对的"，是"我是真实的"，还是某种新的信念，是你所渴望的生活的颜色，一幅画，一首诗，还是一段名言，一支歌,只要你觉得它们代表你精神的力量,就可以使用它。

第9步:行动

在很长的时间里,负罪感和羞耻感影响了你对自己的感觉,这些情绪也影响了你在生活中的决定。现在,有意识地去摆脱这些情绪吧!对应于你的新信念、新感情、新地点,你需要采取什么行动?拿出一张纸,写下你的行动计划,并付诸实施。

【愤怒】

我们如何知晓生活中有未经处理的愤怒?很多时候我们生活在蒙蔽之中而不自知。请查看以下这些信号:

- 容易被激怒
- 认为别人应该知道自己的需要,而直接说出来
- 从不与人深入交往
- 喜欢批评别人,喜欢用自以为幽默实际上粗鲁的方式说话
- 消极抵抗性人格
- 记仇
- 体重不正常
- 对自己或对别人有自己认为的"惩罚"行为
- 对外界肤浅的感情投入,所有的中心都围绕着自己

愤怒是一种非常顽固的情绪,无论是在美国还是在别的国家,很少有人会教导我们如何以一种恰当和健康的方式处理愤怒。特别是在我们的童年时期,常见的情景是如果表达愤怒就会被惩罚。这使我们无意识间建立起一个观念,那就是愤怒的情绪是不好的。其实愤怒是一种正常的情绪反应,完全可以用其他的方式处理它。

因为有愤怒的情绪而被惩罚或因为有情绪而不被认可，最后愤怒会演变为一种不可控制的躁郁潜伏在我们的身体之中。因为绝大部分的人从小就被教育压抑自己的愤怒，所以，如果要疗愈因愤怒而产生的精神状态和行为，必须要先疗愈那些被压抑的愤怒。

当有人威胁到我们的安全或跨越了某些边界时，愤怒就会产生。绝大多数情况下，我们知道自己为什么愤怒。还有一些时候，并没有直接或者明显的原因我们内心也会升起愤怒之火，这是一个信号——你的心中已经充满未被处理的愤怒。

未处理的愤怒一直被压抑在你的内心。譬如说，因为别人对待你的方式让你感到生气或受到伤害（也许只是童年时某个成人对待你的方式，或者某个时刻某个熟人朋友带给你的感觉），而因为某种原因，你没有表达你的愤怒，你只是把它压抑了下去。

压抑的愤怒储存在潜意识中，导致一系列的身体反应。它们经常带来这些身体层面的表现：体重增加、嗓子疼、焦虑、溃疡、肝部问题、疹子、皮炎等。

愤怒是我们想表达"我感觉受伤""我有些生气"，如果我们不能表达这些的话，它们就会演变成愤怒。而如果没有人愿意倾听，或我们感觉被抛弃、拒绝、忽视，内心就会受伤。这种压抑经常从童年开始，孩童时期我们并不会清晰地表达"你伤害了我"，而只会直接的情绪反应，但往往被忽视和训诫，这些造成了问题的根源。

愤怒在身体的多个部位可以被感受到。在精神疗愈的过程中，你需要对任何存有怒气的部位呼吸。一般来讲，愤怒是一种全身的情绪，而且会影响我们的肢体动作。与其他情绪不同的一点是，愤怒带有比较沉的负能量，需要我们使用深沉稳固的呼吸来对抗和消解它。

如何清理沉积在我们体内的那些陈旧的愤怒呢？方法有很多种。下面，让我们从能量疗愈的角度来疗愈、清除和排解：

第1步：反思

首先让我们相信自己处理和应对愤怒的模式。愤怒是一种自然的情绪，它从某些方面保护着我们的精神反应，要完全清除它并不现实也不安全。但是，我们可以消融和释放那些被积压在体内的愤怒，而且可以学会在它们出现的时候去进行管理。

观察自己，你的身体，你和其他人交流的方式，以及你在愤怒时习惯做的决定和行动。在疗愈的阶段，对自己诚实。表达你的愤怒，然后去处理它。思考以下的问题：

- 总是以防守的方式行事
- 经常大喊大叫，向别人发泄情绪
- 通过发怒控制别人
- 经常喊叫，不愿倾听
- 生活得不快乐
- 把自己的境遇归罪于别人
- 选择忽视自己不愿意面对的东西
- 享受公开批评他人的感觉
- 心里经常抱怨他人

- 受到伤害和挑战时非常愤怒

想一想还有没有其他什么方法适用于你。

第2步：深呼吸

想一想愤怒存在于身体的哪个部位。我们只要活着就会自动地呼吸，而当我们有目的地把呼吸对准身体中的某些部位，呼吸就会成为疗愈的工具。对着身体中存储这情绪的部位呼吸。想象身体中的器官、细胞，或者手、脚、皮肤等。对着愤怒深呼吸。对着一切和愤怒有关联的画面、语言呼吸。不去评判这些画面、语言或你自己，只需坐直并观察呼吸，不受干扰，不被思绪干扰。专注自己的呼吸，没有别的。当念头出现，回到呼吸上来，感受呼吸的循环。

第3步：让身体运动

从能量的角度把愤怒的"气"从身体解出，给自己时间和空间。一些实用的方法有：甩手、踢腿、快走、跑步等。通过语言诉说也是一种使用身体的有效方式，哭泣、大声喊叫直到出汗。

第4步：图像化

如果能够使用可视化的方式来表达自己的情绪，那些过去凝滞的能量就可以被融解然后排出。想想过去有哪些让你感到愤怒的事情，想象你站在房间中央，让你的怒气尽情地发泄出来吧，说你想说的话，做你想做的动作。而如果内心的愤怒是如此巨大，以至于你无法打开无法呼喊，想象自己站立在柔和的白色光柱之中，让自己的身体有真实的感受，对着第二查克拉沉稳地呼吸，只是呼吸，只关注自己的呼吸。

第 5 步：采访愤怒

采访愤怒可以帮助你了解它的源头。但如果你正处于愤怒之中，这个过程未必能够帮助你。你可以坐下来，关注自己的呼吸，让自己的呼吸平稳之后再来审视它。像处理其他的情绪一样，如果只是依靠意识，最终可能并不能明了其中的因果。使用直觉去感受它吧！去感受你的愤怒，去理解你的愤怒，去靠近它，你会找到问题的源头。从心理层面上来看，愤怒往往因为受到伤害，这就是很多人在深度挖掘自己的愤怒时，往往会感觉到悲伤。一旦你理解了怒气的源头，你就有了掌控力。给自己这些答案：它因何而来？来了多久？是否真的需要？是否加剧了对自己的伤害？很显然，直觉已经告诉你它不但毫无用处，实际上它是你自我施加的伤害，不要让自己雪上加霜，离开它。

第 6 步：宽恕

宽恕是一种力量，它和遗忘不同。在你明了愤怒是对自我的再次伤害之后，首先宽恕自己，这是通向精神自由的车票。然后去宽恕那些带给你伤害的人和事吧，驶出内心的挣扎。当列车驶向不同的路径，你便获得新的角度去观看欣赏周遭的风景。一旦你获得宽恕的力量，没有什么可以再次伤害到你，因为你一直在驶离愤怒的道路。

第 7 步：重新编程

愤怒的对立面是什么？是爱？是安详？是包容？……不要想得太多，你直觉的第一个回答就是你需要的东西，用它填补愤怒离开后的空间。

第 8 步：行动

疗愈愤怒是一个大的过程，注意控制自己的急躁，它只会加剧我们的愤怒，也会导致疗愈的反复。面对它，谅解自己的焦躁，不要介意自己的停停走走，只要你依然向前走，疗愈就会发生。现在，有意识地行动起来，拿出一张纸，写下你的计划并付诸实施，让自己生活在爱、包容、安详、或任何你期望的情绪中。

【悲伤】

悲伤有以下的形式：

- 感觉难过，或者更深层的悲痛－否认和逃避现实
- 抑郁
- 自我保护
- 自我孤立
- 感到被桎梏
- 对承诺和亲密关系没有信心
- 在别人拒绝之前先拒绝别人

悲伤是一种难过的情绪，与它关联的，是第四查克拉（心脉轮）。心存在于独立但又相互联系的三个层面：生理心、感情心、精神心。生理心的健康会受感情心和精神心的状态影响。精神心承载着生命体最原始的本能：表达爱、分享爱和接受爱，而感情心感应和感受着我们生命中的遭遇起伏。如果一些负面的情绪和能量得不到处理，在感情心里徘徊堆积，精神心就无法传达本能，也无法生长。

悲伤是存在于心中的一种主要情绪，造成悲伤的原因有很多，

失去亲人、所爱的人，没有自己想要的生活，得不到自己所需要的……在这些事情发生时，感受并表达悲伤非常重要。如果悲伤被压制，出于精神的本能，为了在未来不再被悲伤侵蚀，我们的内心就会形成一种保护机制。这种保护机制的二重性在于，它除了保护我们在未来不再感受相同的感觉，它还会建立起一个很深的壁垒，使我们很难再接受和感受爱。这对我们摆脱受伤和触痛并没有太大的帮助。其带来的表相是，我们要么对某种情感感觉麻木，要么对某种情感彻底自闭。表面上看，我们不是有意识地在躲避感受悲伤，实际上在我们的潜意识里，精神操作系统在说：这样的感觉太强烈了，你需要关闭自己，不要让它进来。

体会悲伤的过程非常重要，只有这样，悲伤才不会阻挡我们的直觉，让我们失去生活的目的。在悲伤的过程中，感受自己的直觉非常有挑战性。悲伤就像是阴暗的情感雾霾笼罩在我们的心上，一旦雾霾散去，我们的直觉之光就会闪现。

如何处理悲伤的情绪呢？让我们沿着能量疗愈的道路向前走：

第1步：呼吸

我们的身体通过心肺呼吸，而悲伤的能量主要集中在身体的心肺区域。有意识地向心肺区域呼吸，呼吸，记住只是呼吸。努力让自己什么都不要想，如果思维飘散了，把它拉回来，专注自己的呼吸。

第2步：体会

体会疼痛、伤害、愤怒和悲哀，去仔细体会这些所有的情绪。有一句谚语说：唯一的出路是走过去。体会自己内心难以言说的

第6章 疗愈

哀伤，体会它们带给你的感觉。走过去才能解脱。

第3步：图像化

悲伤需要用不同于愤怒的方式去排解。用巨大猛烈的动作排解愤怒，用平和、舒适、营养和温暖来排解我们的哀伤。闭上眼睛，想象一个厚实温暖的毛毯轻轻裹住你，给你舒适的支撑。或者拿一条毯子裹住自己，躺在地上，让大地在这个过程中支撑着你。想哭就哭吧，想说话就说，即使身边并没有他人，你知道，你的精神在关照着你，在陪伴着你，你并不孤独，它理解你的一切感受，它爱护你，它永远都和你在一起，你们是一体的。

第4步：交流

找一个你信任的人去倾诉吧！去虚拟的网络空间里尽情地倾诉吧！去山野里，去河流边，去任何你想要去的地方，即使空无他人，你的精神始终陪伴着你。说出你的感觉，说出你的愿望和失落，没有任何障碍能够阻挡你的诉说，说出来，说给你想说的人，说给你自己。

第5步：允许

不去试图掌控这个过程，允许悲伤待在它想待的地方。放松，把你的悲哀和疼痛交给自己的精神，不要因此而评判自己，让自己的精神陪同你深呼吸，向它打开你的心。精神排解悲伤是循序渐进的过程，因为依靠意识无法排解哀伤。放弃控制欲，感受你的情绪。你可以试一试以下的方法：坐着，闭上眼睛，背向后倾，努力后倾，让自己不要倒。想象你的身后有一条发光的瀑布，向它靠近，深呼吸，努力让自己沐浴在其中，不要倒，然后坐直，重复这些动作。

第6步：重新编程

悲伤的感觉并不好受，但它最接近精神开放的道路。允许自己去处理这些情绪，能够让自己的精神更强大和健康。

与悲伤对立的情绪是什么呢？在它们被排解之后，你的心有了空间容纳新的感觉。给自己空间去容纳和接受，无论是好的坏的，还是别人和自己。

第7步：支持自己

随着悲伤的排解，心头的雾霾开始消散。现在，和自己的灵魂建立起紧密的联系，倾听自己的需要，照顾好自己。关照自己的内心和直觉，看看自己需要哪些支持，有意识地去努力。如何与自己的灵魂建立亲密的关系呢？你所喜欢的音乐、书、电影，一个温暖的拥抱，一次旅行，甚至只是认认真真地去吃一顿自己喜欢吃的食物。

当悲伤的情绪平静下来，直觉就开始显现。对现实生活的状况看得更清楚。在悲伤发生的时候，很多人会问：为什么？此刻你明白了任何理由都不会让悲伤更快消失。我们需要的不是理由，也不是一个貌似清晰的答案，我们需要的只是精神走向成熟。

身体和情绪的关系

影响人体能量发挥最主要的路障就是阻滞的情绪。在能量疗愈体系中，任何时候、任何状态下释放情绪都是有益处的。悲伤的感觉表示我们有更多需要思考的东西。但情绪释放并不是指"情绪反应"，这两者是完全不同的。情绪释放是一种疏通，而情绪反应则是一种凝滞和堵塞。

情绪释放是一个过程，伴随着身体的生理、情绪和能量变化。释放是疗愈过程中重要的一部分，当你经历释放的过程时，在能量疗愈的体系内，你是在挪动大量负能量。能量、细胞和基因是密切关联的，有部电影《我们到底知道多少》从量子力学的角度讨论了细胞对能量的反应。一旦负能量被清理，疗愈就会发生，我们的身体对于这种变化也会有反应。我们身体的细胞会改变，体内的化学结构也会随之改变。我们清理的能量越多，身体中的改变也就越多。

在日积月累的过程中，我们的身体承载了太多的阻塞，这已经成为人体化学结构的一部分。有时候一次清理并不能使我们完全疗愈，清理需要一点一点进行。当细胞中的能量发生变化时，身体的其他层面也会受到扰动，比如某个陈旧的记忆会忽然闪现。因为感觉存储于我们的细胞和组织结构中，当系统发生改变时，感觉就会被释放。所以，在疗愈后的几天内你或许会有各种感觉，这种现象非常自然。

【呼吸】

情绪释放过程中最重要的方法是呼吸。我们的生命依赖呼吸而存，但呼吸如此重要，却常常被我们忘记。在忙碌的生活中，我们从不记得自己一直在持续不断地呼吸着。最有效的方法往往是最简单的，但生命体本身所蕴含的巨大能量被我们忽视了。我们从不停止试图从外部获取帮助：眼花缭乱的药物、各式各样的活动、形形色色的人……可是这些真的解决了我们的问题吗？坐下来静静思考，不难发现，不过是新的问题覆盖了旧的问题，不然就是处理掉旧的问题却带来新的困境……无论是社会、科技、还是人和自然的关系，是时候坐下来好好思考一下，是时候安静下来不去环顾周围，来了解一下我们内在的世界了。

呼吸是最直接的方式，也是最短的途径。

【释放】

每个个体都是不同的，释放的过程也充满个性化。尊重你自己的直觉，用自己的方法去处理需要释放的情绪。

下面所罗列的一些方法可以帮助我们释放，唯一需要提醒自己的，就是先去认真感受自己的情绪，然后再去行动：

- 到大自然中去
- 运动身体：跑步，骑车，走路，进行适合自己的体育活动
- 练习冥想
- 学习瑜伽
- 击打沙袋或枕头
- 向大海、湖泊或者远方扔石头
- 和理解你的朋友交谈
- 寻找自己喜欢的食物，认真品尝它
- 看看各种呼吸疗法，尝试一下
- 使用自己喜欢的颜色
- 旅行
- 听音乐、跳舞、唱歌、绘画、雕塑，或随便创造点什么

- ➤ 按摩自己，或者享受按摩
- ➤ 针灸
- ➤ 使用海盐，草药，或精油洗浴
- ➤ 设计健康的饮食计划
- ➤ 诵经，不去想它们的含义，只是诵读

……你还可以做很多其他的事……每个人都是不同的。

三、疗愈我们的精神

情绪层面的疗愈会带着我们走过曾经被阻滞的道路，来到绝对精神的面前。现在，让我们和自己的绝对精神靠在一起，看看什么是需要去做的。当身体充满负能量时，我们的精神萎靡不振、停止生长，一直处在窒息、阴暗、潮湿的境地，现在，我们清醒观望到自己的处境，通道已开，努力前行。

精神层面的疗愈关注于倾听、滋养和灵魂的需求。对于灵魂，人们有不同的见解。有的人认为人有灵魂，也有一些人，坚定地认为人没有灵魂。关于这个问题，我们不妨回到那个医生和宇航员的对话中去做一番思考：如果你认为并没有灵魂这回事，那么，你是否认为你有一个心灵？你是否认为你具有自己独有的思想，是否认为每个人都是不同的个体？区别是什么呢？除了人和人具有不同的样貌之外，你是否认为，没有一个人的思维和其他人是完全相同的？那么什么是思想呢？它看不见摸不着，但我们无法否认它存在，就像我们无法否认自己存在一样。

灵魂看不见摸不着，但却时刻在提醒我们它的存在。是什么让每个人生来不同。这里不是指样貌的不同，而是爱好、性格和长处。有人说是后天的影响塑造了一个人，但我们经常可以观察到，完全相同的家庭环境、教育环境却生长出完全不同的人。有研究表明，人类在婴儿时期就表现出不同的性格特点。是什么导致了这种差别呢？科学家试图通过观察胎儿时期外部环境包括母体对发育的影响来进一步解释，但观察的结果表明：当我们在婴胎阶段时，行为倾向就已经具有明显差别。在此我并不强调它的具体存在，但如果你认为自己有属于自己的心灵和思想，我想告诉你的是，信任它，就像信任自己一样。

信任可以让你和你的直觉、你的绝对精神建立起紧密的联系。在精神疗愈的系统里，体会自己与生俱来的特质，可以帮助你倾听自己内心的声音，学会抓住和使用自己的直觉力。与生俱来的特质非常明显，有的人喜欢山，有的人喜欢水，有的人喜欢音乐，有的人喜欢诗歌和绘画，有的人安静，有的人活跃，有的人沉默寡言，有的人言语敏捷……形成这些特质并没有明显的缘由，它闪耀着我们自己独特的光芒，你可以认为，它代表着你灵魂的气息。在精神疗愈的阶段，沿着这些特质，我们查观自我，聆听直觉的声音，这些声音温柔地指引我们的道路。

很多时候我们的自我意识会遮挡住直觉的声音，这是来自情绪的受伤的噪音。它们混乱涌动，影响能量体，负能量在我们的能量体内徘徊集聚，伤害我们的自我意识，让我们的情感和精神遭受折磨，使我们产生各种各样的问题：困顿、抑郁、焦虑、沮丧、

第6章 疗愈

崩溃……我们在种种困扰之中无力自拔，像在无尽的黑暗中迷失，没有方向，看不到光亮，感受不到自身的能量，找不到任何支撑。

支撑我们的根基在哪里？如何触摸到我们的能量体？如何让这些阴霾消散，抓住直觉的手，重启能量体，让我们的精神拯救自己呢？

让我们更深入地了解一下根基、直觉、能量体等概念，这些信息将拓展我们的意识，让我们更深地理解直觉和绝对精神的智慧。

建立根基

建立根基是获得疗愈，获得与直觉沟通的重要方法。组成人体的粒子与组成大自然的粒子完全相同，无论科技如何发展，我们本就是自然的一部分，生活越是与自然接近，我们也就越接近自然状态。我们吃自然生长的食物，通过食物建立根基；我们远离现代科技和各种设备，到纯粹的大自然中去活动，通过呼吸和神经系统与自然的共振建立根基。而我们现在的生活充斥着各类奇怪的食品，我们呼吸着被污染的空气，饮用不纯净的水，被大大小小的电子设备所围绕，甚至彻底封闭在这些东西构成的"牢笼"里，从根本上造成了身体系统和自然系统的不和谐，导致我们的身体和精神失衡。这种失衡就是问题的根源。

有很多建立根基的方法，以下是一些建议：

➤ 放缓节奏

➤ 尽量食用自然、健康、顺时令生长的食物

➤ 有时间就去大自然中徒步，花时间在大自然中徜徉

- 看日出日落
- 沐浴阳光，在月光下静坐，观察星空
- 尽量保持自然睡眠

根弦

根弦是一条能量线，通过第一查克拉（海底轮）将我们和地球能量联系在一起。在精神疗愈的过程中，图像化是非常有效的一种技巧。我们的大脑中，有一部分区域无法察别可视化的虚拟世界与现实的分界，这是绝对精神的自由之地，适当地运用图像化的技巧对我们的身体和精神都极其有益。我们可以采用这种技巧来感受和使用根弦。你可以把根弦想象成一束光，将你的身体和地心连接在一起。深呼吸，让地球的能量穿透你的根弦，和你的能量体共振，你也可以通过根弦把负能量全部排出体外，让它们在地球的能量场中分解转化。这种冥想的方式在能量清理的过程中展示出强有力的效果，能够加速负能量消融。

直觉

直觉是绝对精神对你生活的指引，是我们内心里无比重要的声音，是我们与灵魂交流的通道。

在身体和意识达到安静的时候，我们才能够倾听直觉。直觉的信号可以帮助我们改善现实的生活，给我们提供真正安全的信息。身体的感觉是直觉的一种反应，内心灵光一闪的敏锐也是直觉的显现，直觉可以在身体多个部位被感受到。实际上直觉是每个人与生俱来的能力，它是绝对精神的触角。

直觉是如何产生的？如果想要寻求一个科学的答案，目前在生理和精神层面都没有定论。它就像我们身体的"本能反应"一样，是一种强烈的觉知，似乎我们在没有任何经验的基础上就能够辨析危险与安全并向我们发出信号。当物体向我们袭来的时候，我们的身体会本能采取避让的动作。想一想，是谁告诉我们应该这样做？这只是身体层面的展示。很多人都有过这样的体验：有时候我们的大脑和内心对某个完全陌生的人和地方有种强烈的熟悉感，或喜悦或憎恶，毫无道理和逻辑。有很多时刻，我们在做某件事，但我们的大脑和内心会突然之间浮现完全不同的想法，或者在某些时刻，你会突然去做一件完全"未经考虑"的事情。从能量疗愈的角度来看，这就是直觉，是绝对精神和我们交流的方式。这些来自精神层面的信息无论我们是否能够清晰地意识和识别，它们已经通过直觉交付到我们手中。那些能量体通畅明亮的人，能够敏捷地抓住直觉的指引，让自己生活得更好。而对另外一些人而言，需要通过疗愈和修习，才能接收和使用这些力量。

光柱

在瑜伽术的理念里，我们的身体中有一根光柱，它在瑜伽术中被称为"中脉"，是一条贯通我们体内脊柱的主要经脉。它的顶端是第七查克拉（顶脉轮），终端是第一查克拉（海底轮），并在第一查克拉这里和根弦连接在一起。

当这条通道被堵塞或弯曲的时候，我们的身体和精神便会感到各种不适。在健康的状态下,这个通道中没有杂物,是笔直通透的,它让我们的能量体保持活力。而一旦我们在生活经历中产生的各种情绪和负能量得不到排解和处理,它们就会在这个通道中聚集混合,从而对我们的身体和精神产生严重的干扰。在疗愈的过程中,那些负面的能量也经由这个通道转移到身体之外。

在瑜伽中,我们采用以下技巧来强化光柱:

➤ 闭上眼睛,想象自己身体中的光柱,观察它
➤ 画出你看到的光柱的样子
➤ 想象阳光像水流一样自头顶沿着光柱倾泻流淌

冥想

冥想能够让我们的意识安静下来。虽然很多人在练习冥想的时候都会坐直,好像坐直是必须的,实际上"坐直"这个姿态对我们想要达到的目的来说没有什么用,但它不失为一种方便的技巧。这是非常关键的认知:冥想只是技巧而并非目标。理解了这一点,会方便我们使用各种冥想的方法,无论是坐直冥想还是行走冥想。如果你开始尝试冥想,试试以下步骤:

➤ 找一个舒服、安静、不被打扰的地方
➤ 调整呼吸,观呼吸
➤ 闭上眼睛,感受你身体中的光柱
➤ 呼吸,让身体慢慢沉静下来
➤ 呼吸,想象头顶的光芒沿着中柱穿过你的身体,你沐浴在光芒中

➤ 缓慢呼吸，保持 5~10 分钟

➤ 呼吸，不去试图抓住浮上来的任何念头，不去跟随，不去思考，让念头一个一个浮上来，不去想它们去了哪里

➤ 呼吸

能量中枢

古印度哲学认为人体各部位分布着能量中枢，掌管身心的运作，对外与身体各个器官功能有关，对内则对情感和精神产生影响。能量中枢沿着尾骨到头顶排列于身体中轴，称为"查克拉"。查克拉（chakra）在梵文中有"圆""轮"等意，所以也被称为"脉轮"，并且和自然色彩有着密切的关系，由下而上分别对应彩虹的七种颜色。这些能量中枢并非实质存在的器官，好像中医里的穴位一样。我们现在已经探别每个查克拉的振动频率，每个查克拉都有自己的节奏，是通向精神世界的入口。

理想状态下，这些能量中枢对我们的精神和身体提供有益的支持，让我们的身心平衡通透。但实际上，它们容易受到干扰而产生各种问题。

在精神疗愈的体系里，我们通过观察和正确理解自己的查克拉能量体来准确找出潜在的问题，然后进行疗愈。古印度哲学的信念里，疗愈者的意念可以收获或转移能量。下面我们来进一步了解一下这七个查克拉。

查克拉

第一查克拉（海底轮），红色：位于脊椎尾部。与以下方面相关联：生的本能、基本需求、信念、安全感、富足感、原始的欲望，一切的基础。

第二查克拉（脐轮），橙色：位于骶骨。与以下方面相关联：性能力、创造力、人际关系、感知力、情绪、情感、直觉等。

第三查克拉（太阳神丛轮），黄色：与胃上方的太阳神经丛相对。与以下方面相关联：自我意识、理性、意志力、信心、管控力等。

第四查克拉（心轮），绿色：位于心脏部位。与以下方面相关联：爱、慈悲、自爱、同情心、安宁等。

第五查克拉（喉轮），蓝色：位于喉部。与以下方面相关联：沟通、表达和创造力、交流能力等。

第六查克拉（眉心轮），靛色：在两眉之间的眉心。与以下方面相关联：外在的印象、价值观、洞察力、领导力等。

第七查克拉（顶轮），紫色：位于头顶。与以下方面相关联：灵感、生存使命、大智慧、精神意识等。

备忘录

曾有一个学员对我说："温蒂，给我一个小纸条吧，在上面把和疗愈相关的最重要的东西都写上。"

我说："好的！"我写了一个。它只有5个字。

宽恕　　感恩　　爱

这五个字代表的三种行为是绝对精神给予我们的灵丹妙药，如果你能够真实地去感受和使用这五个字，你就能够快速地获得疗愈。

获得疗愈

当我们看待所受的伤痛时有了不同以往的反应，当我们无论在何时何地、何种处境之中，内心都柔软饱满，生机勃勃，当我们面对任何挑战和困境都不再愤怒、恐惧和悲伤，我们的精神便获得了疗愈。

四、小便条

- 疗愈指导对你有帮助吗？如果有，请描述
- 你打开过去情绪的过程是什么？请描述
- 学习疗愈方法时，有哪些让你恍然大悟？
- 在查观自我的过程中，你是否有过恐惧？你如何战胜了它？
- 当你需要如何处理情绪的提示时，你会返回来再看一次吗？

第 7 章　行思

是时候认识到所有的一切都是神圣的……

现在正是时候。让我们算一算这是多么的不可能：一切都存在，却没有神的恩典。

——哈菲兹（Hafiz）

经过开放、混乱和疗愈三个阶段之后，我们有了更多应对生活挑战的方法，精神变得更加成熟，意识状态更加清醒，我们已经有能力过上与真我和绝对精神保持联系的生活，我把这个阶段称为行思。

行思指精神受到启迪，内心拥有智慧，在走过人生道路的时候有能力面对和解决问题并清除障碍。它并不意味着完美或者不再有任何痛苦，它表示一种清醒和愉快，一种深厚却又轻捷的力量。在这个阶段里，我们可以享受任何困境，并在其中感受生命的温柔和强健。我们的精神不再受到伤害,只是在体会和品尝生命之旅的滋味。

在行思的阶段,我们的内心已经拓展,当遇到问题的时候,我们已经知晓如何去面对和处理。阻滞的能量已经清除,当能量体健康运转,身体和精神达到和谐的状态,内心安稳,生活中发生的任何事情都不会再带来粗糙的情绪反应与伤痕。我们找到内在的支撑,你依然会有泪水、欢乐、疼痛、哀伤等情绪,我们只是体验它,并有能力把负面的情绪转化为新的力量。

精神的心

在过去的章节中,我们讨论过美好的心。心被认为是灵魂的座椅,当我们依照本心生活的时候,我们才能真正体会生命的真实与奇妙,而不是终其一生消耗完所有的时间,却未曾认知感觉到真我。

根据真我的内心生活并不是指随心所欲,而是指持有一种清醒的态度来调节自我和掌控生活。你有勇气承认和接受自己的缺憾,也有能力去调整和决定它们朝着自己想要的方向发展。你能看到生命的奇迹和美好,也能坦然地对待人生的不同和经历。你与天然的自己始终保持一致,所以你有能力让自己最好的特质在生活中展现,并有能力让柔弱的部分生长康健。

在疗愈的过程中,心会自然打开。这个过程有可能很短,也可能历经许多年。让耐心和信念陪伴我们走过这段道路,走到自己面前,和自己拥抱。

在能量疗愈的观点里，精神心在第四查克拉行思。它让我们在身体的层面上清洁独立地去思考：我是谁？我为什么在这里？我要到哪里去？这种思考是一种深沉奇妙的能量，它就像精神的烛光，一旦点亮，光芒立现而黑暗退避，你就是自己的救赎之手。

开发冥想

用下面的方法走上冥想的旅途。请通过我们的网站找到这段音频。

找到一个安静的地方，脱下鞋，坐下来，把纷乱的思绪抛在身后，就好像你在进入自己的殿堂。

闭上眼睛，调整呼吸。观望自己的呼吸，慢下来。感觉你自己的手拉着你走过通道，来到殿堂中央。

呼吸。保持这个过程10分钟。观察你心中的样子。

体会安静。让思绪在意识里飘进飘出。不要管它。关注呼吸。

看到你背后光的瀑布了吗？向后靠向它。让光像流水一般进入你的身体，感受脊柱和肩胛骨的温暖。让光穿透你，让你整个身体充满光。听到心中腔室的回声了吗？随着呼吸聆听它。聆听这种寂静的声音。

享受这安静澄澈的时刻，不去捕捉那些漂移的思绪，不去管它。关注呼吸，倾听寂静。

经历欢喜

在日常的行思中,精神心会感受欢喜。在瑜伽中,这被称为"阿南达"(ananda),指的是当生命力能量进入心中,点燃第四查克拉中的能量,因此带来强大的快乐、欢喜和感恩感,身体对音律、色调和运动感觉悸动,舞蹈、音乐、朗诵等让我们感觉生机盎然。

这种欢喜感在瑜伽练习和精神疗愈中经常出现,它的存在证明当身体能量和精神达到和谐时的美好感觉,类似一种能量共振。在行思的阶段,能量体带给我们洁净强劲的力量,我们得以体会纯粹的欢乐和爱。

目的和意义

在行思中,我们拥有最高境界的力量:欢喜、快乐、爱、舒适。我们处于自我中央,与自我的精神紧密联系,我们生活在惬意之中。在这个阶段之前,生活就像一条弯弯曲曲的河流,我们盲目追溯却并不明了方向和尽头,在跋涉中我们疲惫不堪,背负层层负荷,从未有机会停下来思考和认识真正的自己,生活就像舞台上的话剧,直到大幕落下,我们也没来得及摘下面具,洗净铅华,观看镜中的自己。我们为什么哀伤?为什么恐惧?为什么快乐总是那么短暂,而欲望却总是没有尽头?当大幕落下时,我们需要的究竟是什么呢？当你走上疗愈的道路，你便能够抵达问题的彼岸。

很多人会问，我们生命的意义和目的是什么？我想可以这样回答：生命存在本身就是意义和目的所在。不要忽略精神的源头和自我的联系，当我们试图在外部寻找答案时，我们就已经舍本逐末、南辕北辙了。

人生所有的经历都只是我们对绝对精神的一种体验。注意，它只是一种体验，不是一种负担。当你认识到这一点，你就抓住了生命的要点。你对伤痛和挫折的感受从此也会不同，你不再只是舞台上的演员，你同时也是台下的观众，为自己鼓掌或者叹息吧。

行思的阶段

行思有时候是更容易的阶段，有时候不是，这个阶段有自己的挑战。但是，当你抵达这个阶段，痛苦和欢乐都只是精神上的修行而不是障碍，你已经学会使用更深的智慧和爱去管理生活。如果你还在抵达之前，那就为自己已在到来的路上而歌唱吧！你既不是一道伤痕，也不是一个木偶，你是一个在精神上不断进步的灵魂。

小便条

有一个亲爱的朋友，在每次见到我的时候，她不会问我："你怎么样？"而是会问："你的心怎么样？"

现在，在你走过最初心的开放、混乱和疗愈后，我想把这些问题给你：

- 你的心怎么样？
- 你对自己有什么了解？
- 你会继续了解自己吗？
- 你在哪方面让生活变得更好？
- 你甩掉了什么？
- 你每天从哪里溯源？
- 你的目标是什么？
- 对你而言，爱是什么？
- 对你而言，按照精神心生活意味着什么？
- 对你而言，意识是什么？

最后的话

现在,你已经读完这本书。你将如何按照本心生活?你将如何放下过去,让自己生活在精神的光芒中?如果你只是读书而不运用书中提供的工具,你不会有进步。在读书的过程中,你是否在某页夹了书签,在你做功课的时候你可以回去参考?你是否曾经想过"我真的很想做这件事,但我有犹疑",现在就采取行动吧!请想出10件这4个阶段可以帮助你的事情,把它们写下来:

1. _____
2. _____
3. _____
4. _____
5. _____
6. _____
7. _____
8. _____

9. _____

10. _____

在本书中，你学到在生活中遇到的挑战可以成为通向疗愈的指引，你也学到了混乱所扮演的角色，以及如何实现疗愈。如果你发现自己需要帮助，你并不孤独。我们通过读者俱乐部、工作室和培训项目，把所有的人联系在一起。你可以和其他人建立联系，互相扶持。我们为你提供更多的资源和支持，请通过 SIS 网站寻找相关信息。

网址：www.schoolofintuitivestudies.com

祝你成功！

温蒂·德·罗萨

关于作者

温蒂·德·罗萨（Wendy De Rosa）是美国著名作家、演说家、教师和国际直觉能量疗愈师，是美国直觉研究学院（School of Intuitive Studies）和直觉治疗师培训计划及认证的创始人，在全球范围内开展相关研讨会和培训，包括为 Mind Valley 的 Soulvana 频道开展项目，并在 The Shift Network 担任主讲教授。

自 1998 年以来，温蒂帮助来自世界各地的人们使用直觉能量疗法来进行心理辅导和精神疗愈，她的课程曾在美国 4 个主要城市被教授。之后，该课程成为美国精神疗愈领域的第一部完整线上课程。

温蒂是畅销书《反弹：在变化的时代中茁壮成长》的特约作者，其他作者包括韦恩·戴尔（《你的误区》作者）、布莱恩·特雷西、约翰·阿萨拉夫等国际知名心理学专家和个人成长领导者。

《拓展你的心：精神觉醒的四个阶段》是亚马逊的畅销书。2020 年，《拓展你的心：精神觉醒的四个阶段》韩文版在韩国正式出版发行。

截至目前，温蒂共出版了以下书籍：

《反弹：在变化的时代中茁壮成长》

《拓展你的心：精神觉醒的四个阶段》

《通过查克拉实现精神愈疗：一本自我疗愈的指示书》

《慧者：如何理顺能量，定义边界，并固化你的直觉》

自 2004 年开始，温蒂在每月的第三个周二，为来自世界各地的读者提供免费疗愈体验课。这个免费课程是温蒂对疗愈社区所做的贡献，她欢迎每位有兴趣的朋友参加这个课程。如需更多的信息，请访问 SIS 的网站：

www.schoolofintuitivestudies.com